Cadernos de João

CB031025

ANÍBAL MACHADO

Cadernos de João

5ª edição

JOSÉ OLYMPIO
E D I T O R A
Rio de Janeiro, 2012

Reservam-se os direitos desta edição à
EDITORA JOSÉ OLYMPIO LTDA.
Rua Argentina, 171 – 2º andar – São Cristóvão
20921-380 – Rio de Janeiro, RJ – República Federativa do Brasil
Tel.: (21) 2585-2060
Printed in Brazil / Impresso no Brasil

Atendimento e venda direta ao leitor:
mdireto@record.com.br
Tel. (21) 2585-2002

ISBN 978-85-03-00791-7

Capa: FOLIO DESIGN/CRISTIANA BARRETTO E FLÁVIA CAESAR
Desenho a traço de Suely Avellar sob bico de pena de Luís Jardim

Este livro foi revisado segundo o novo Acordo Ortográfico
da Língua Portuguesa.

CIP-Brasil. Catalogação-na-fonte
Sindicato Nacional dos Editores de Livros, RJ.

M129c 5ª ed.	Machado, Aníbal M. (Aníbal Monteiro), 1894-1964 Cadernos de João / Aníbal M. Machado. – 5ª ed. – Rio de Janeiro: José Olympio, 2012. ISBN 978-85-03-00791-7 1. Prosa brasileira. I. Título.
12-2767	CDD – 869.98 CDU – 821.134.3(81)-8

Estes *Cadernos* encerram, revistos e aumentados pelo autor, o *ABC das catástrofes e Topografia da insônia* (Hipocampo, 1951, edição de cento e vinte exemplares) e *Poemas em prosa* (coleção Maldoror, Editora Civilização Brasileira, 1955, edição de trezentos e trinta exemplares), sendo que os *Poemas* não obedecem à ordem primitiva.

Rio de Janeiro, 20 de fevereiro de 1957

O Iniciado do Movimento

Nascido em 1894, Aníbal M. Machado viveu sua primeira juventude como testemunha, interessada e certamente entusiasta (embora esse entusiasmo, como convinha a um bom mineiro de Sabará, só se expressasse em *sotto-voce*), de todas as revoluções que se sucederam, às vezes quase acavalando-se, nas primeiras décadas do século XX. Em especial, as que começavam ou iam terminar no campo das artes.

Aquela, como todos sabemos, foi a época das vanguardas estéticas, que aliás começaram a manifestar-se ainda no último quarto do século XIX. Foi a grande temporada do futurismo, do expressionismo, do dadaísmo, de um sem-número de *ismos* que, associando substâncias afins ou mesmo pouco aparentadas, levaram ao modernismo, essa manifestação eloquente e impositiva da modernidade.

Era natural, portanto, que a personalidade e a obra literária de Aníbal Machado se apresentassem, como de fato aconteceu, impregnadas de modernismo. A personalidade foi por muitos títulos marcante e exerceu justificado fascínio sobre mais de uma geração. Já a obra escrita foi por demais escassa para tanto talento.

Se excluirmos três ensaios que na origem foram conferências, e um pequeno volume de poesia, mais tarde incorporado a outro livro, sua obra de maior volume e consistência resume-se a dois livros de ficção (*Vila Feliz*, que com os acréscimos recebidos em reedições acabou ganhando um longo título, *A morte da porta-estandarte & Tati, a garota e outras histórias*, e *João Ternura*) e um de reflexões (*Cadernos de João*) sobre temas e assuntos variados.

A contribuição ensaística de Aníbal Machado ao debate cultural da época tem sua contemporaneidade evidenciada já nos títulos, que remetem diretamente aos assuntos. Em primeiro lugar, ele tomou por objeto o cinema, essa arte moderna por excelência: *O cinema e sua infância na vida moderna* (1941). Em segundo, aspectos da vida contemporânea, vistos de uma perspectiva poética: *ABC das catástrofes e Topografia da insônia* (1951). E, finalmente, as artes plásticas modernas, personificadas pelo gravador brasileiro Oswaldo Goeldi (*Goeldi*, 1955).

Moderna era desde o início a dicção de sua poesia; e inequivocamente modernas as características de construção e estilo de "O rato, o guarda-civil e o transatlântico", conto publicado em meados da década de 1920, precursor da obra futura.

Escassos, os trabalhos inaugurais também já eram indicadores daquilo que iria distinguir o moderno em Aníbal do moderno em outros autores de seu tempo. Como tantos escritores e intelectuais da época, ele vivia em constante inquietação com o que acontecia para além dos limites do salão em que os amigos eram recebidos e ilustrados pelo seu conhecimento e sua sabedoria; mas a consciência do conflito social não o obrigava a deixar-se levar pela ortodoxia que viajava na subsuperfície de várias correntes modernistas.

O fato é que jamais sua pena se moveria em direção única, fosse escrevendo poesia, ficção ou filosofia. Em todas as ocasiões ele foi o que colhia sementes nas mais diversas searas e ia semeá-las onde houvesse ventos soprando nas mais diversas direções.

Não é difícil perceber na obra de Aníbal Machado a presença — sempre discreta — de autores e ideias que marcaram seu século. O desenvolvimento de histórias como "O piano" e "O telegrama de Ataxerxes" deixa pouca dúvida de que elas tenham sido roçadas pela asa denunciadora de Kafka. Com elas somos advertidos, primeiro, de que qualquer circunstância da vida moderna pode repentinamente nos tornar presas do absurdo, e segundo, de que em nosso tempo, mais do que nunca, o poder tornou-se distante e ilusório, mas também perigoso e desapiedado.

Há outros contos nos quais é o surrealismo que deixa algumas de suas melhores marcas. Mas o notável, no caso, é que, ao levá-las em conta, nosso ficcionista se mostrasse menos interessado pelas extravagâncias dos surrealistas no processo de criação da obra, e mais pelas preocupações com o destino humano, que eles herdaram de seus predecessores, a começar por Rimbaud.

Em estreito convívio com o labirinto e o estranhamento, os mitos também batiam ponto na obra de Aníbal Machado. Evidenciavam-se de preferência naquelas ocasiões em que o ser humano sente a proximidade do inefável. Os mitos e os experimentos de linguagem com os quais às vezes nos deparamos em suas ficções (ver, p. ex., o Livro VI de *João Ternura*) são inequívocos indícios de simpatia pela visão de Joyce e a riqueza poética em seus modos de envolver e revelar o mundo.

Filtrados e finalmente fundidos em um cadinho único, os múltiplos interesses e as variadas influências recebidas por Aníbal Machado resultaram em uma obra que ficou de certa maneira isolada na literatura brasileira do século XX. Nos tempos de *João*

Ternura houve por aqui muita deglutição de carne estrangeira. Como já vimos, foi modesta a participação de Aníbal em tais festins. E embora tenha viajado pelas estradas duplas do irreal e do absurdo, não foi como um bandeirante, mas como um viajante curioso que o fez. Em compensação, poucos o igualaram em outras artes mais sutis e trabalhosas, como, por exemplo, a de reunir muitas vozes, sem excluir as das coisas inanimadas, na hora de narrar uma história.

Escritas a partir da metade da década de 1920, as ficções de Aníbal Machado têm mais do que a peculiaridade de construção e estilo como testemunha de sua modernidade. Elas são percorridas por elementos caros à visão do moderno pelos modernistas. A velocidade é um deles.

Hoje, a velocidade está incorporada à nossa existência, em boa parte como neurose. Havia sintomas, mas ainda não era assim quando ele começou a assestar seus binóculos sobre a nova humanidade que despontava.

Aníbal Machado percebeu que no quadro da vida moderna a velocidade pedia mais que instrumentos para medi-la. O escritor devia compreendê-la em planos e dimensões variados e extrair algo de positivo dessa compreensão — a dinamização da narrativa, por exemplo —, sem no entanto eximir-se de observá-la criticamente. Isso fazia toda a diferença entre esse contista que amava os navios, os trens e as linhas telegráficas e, por exemplo, os futuristas que às vezes andaram celebrando a velocidade por si mesma.

Não foi, portanto, pela correria neurótica do mundo moderno que Aníbal Machado deixou-se fascinar; foi pelo movimento (a propósito, Heráclito é invocado nos *Cadernos de João*), seus múltiplos significados, suas múltiplas possibilidades. Não por acaso, o elemento metafórico de sua preferência era o vento. Em sua obra, a de ficção principalmente, o vento sopra com uma frequência às vezes perturbadora. Sopra em diferentes circunstâncias, com diferentes funções. Mas sejam elas quais forem, ele é sócio da crise, do movimento e da mudança. Ele pode mesmo tornar-se matéria direta de reflexão, isto é, sem mediação da poesia ou da prosa ficcional, como vemos nos *Cadernos*.

Em mais de uma situação dramática, o vento deixa de ser um mero fenômeno físico e trata de personalizar-se. Em "O iniciado do vento", da segunda fornada de contos (publicados em 1959, juntamente com os de *Vila Feliz*, sob o título de *Histórias reunidas*), o vento anuncia sua personalidade logo no começo, quando vai ao encontro do trem no qual viaja o engenheiro, falsamente acusado de ter atentado contra a integridade de um menino. Depois de submeter-se a julgamento, o engenheiro é absolvido e torna-se o "iniciado do vento". O vento, portanto, faz-se presente tanto no anúncio da crise quanto no surgimento da situação que a debelará. O vento começa a soprar na terceira página de *João Ternura* e só se ausentará quando, após as mortes provisórias, o protagonista morrer definitivamente.

O movimento estava no centro da visão de mundo de Aníbal Machado. Como simpatizante do socialismo (a rejeição da mão única não o impedia de sonhar com um mundo mais justo e mais harmonioso), era natural que para ele a história não fosse um lago, mas um rio com curvas e corredeiras. Essa concepção da vida como movimento atravessa o fragmentário mas nunca ocioso conjunto de reflexões filosóficas dos *Cadernos de João*.

O movimento, finalmente, é o que mais caracteriza a construção de *João Ternura*, essa ficção descontínua e multivalente. Até certa altura, pelo menos, João Ternura é o herói de um romance de aprendizagem e formação. Como tal, deve ter seus elementos autobiográficos. Mas João Ternura, antes de ter finalmente um destino individual, pode ser tomado como uma encarnação do brasileiro, em um momento no qual o Brasil tentava mais uma vez desenvolver-se, movendo-se ao mesmo tempo em várias direções, interiorizando-se e concentrando-se em metrópoles que começavam a ulcerar o mapa do país.

Aníbal parece ter reservado para *João Ternura* o máximo de sua capacidade imaginativa e de seu poder criador. Aqui ele se vale dos mais diversos modos e recursos narrativos para acompanhar a incerta evolução de seu protagonista. Contra o pano de fundo de um Carnaval carioca, tão tropical quanto surreal, João Ternura encerra sua viagem acionando a metralhadora da crítica, carregada com balas de tinta. Com essa tinta ele amplia seu já vasto painel do Brasil, preenche-o com mais alguns paradoxos e deixa a marca de sua restrição em figuras de historiadores, pensadores, políticos e líderes religiosos. Com razão, um amigo qualifica João Ternura de anarco individualista...

Embora tenha descoberto algumas das feridas da existência humana, Aníbal Machado não era um escritor amargo. Era crítico, sim, mas um crítico que se enquadrava também na tradição do homem cordial, que se apresentava como uma personificação do bom humor e da amizade, essa virtude cada vez mais ausente da sociedade contemporânea.

Em vida, Aníbal Machado foi alvo de intenso interesse. Seu *João Ternura*, publicado póstumo (o escritor morreu no Rio, em janeiro de 1964), tornou-se, muito antes de ir para as livrarias, uma peça da mitologia da vida literária brasileira. Parte de sua obra foi adaptada para o cinema, mas as traduções têm sido menos numerosas do que seria de esperar. Perdeu a corrida para mitologias mais típicas do modernismo brasileiro.

Importa, porém, o fato de Aníbal Machado ser sempre uma revelação para o leitor. Cada vez que saímos de seus livros, levamos a convicção de termos convivido com alguém meio mágico, que, para nos deslumbrar, de vez em quando ia além da nossa comum realidade, alguém iniciado do vento, do mar, do movimento, de tudo aquilo que a sensibilidade reserva a uma imaginação destemerosa mas tranquila.

Mario Pontes

CADERNOS DE JOÃO

ANÍBAL MACHADO PUBLICOU *Cadernos de João* em 1957. O volume foi formado pela reunião de duas obras anteriormente publicadas em edições de pequenas tiragens, destinadas a bibliófilos: *ABC das catástrofes e Topografia da insônia* (1951) e *Poemas em prosa* (1955). Para entrarem no novo livro, ambas foram revistas e ampliadas, o que significou, ainda, a inclusão de um certo número de fragmentos inéditos no volume. Descontando-se alguns dos textos prévios, *Cadernos de João* é um livro de reflexões sobre temas variados, entre os quais sobressaem os da filosofia, indicador da extensa cultura de Aníbal e da sua capacidade de pensar, certeira e limpamente, sobre questões essenciais do mundo e da existência.

Eis um exemplo de como o autor podia avançar na abordagem desses grandes temas: "O sentimento dramático do movimento, do provisório, do vir a ser, deixa-nos a princípio num estado de flutuação e perigo, tontos em busca de direções, mas já num confuso pressentimento. E somos depois atirados dentro mesmo das forças vivas com as quais formamos, à nossa maneira, um universo alimentado por energias humanas e telúricas em constante transformação."

MARIO PONTES

CADERNO

Mapa irregular do nosso descontínuo *interior, com os fragmentos, vozes, reflexões, imagens de lirismo e revolta — inclusive amostras de cerâmica verbal — dos muitos personagens imprecisos que o animam. Afloramento de íntimos arquipélagos, luzir espaçado das constelações predominantes...*

O autor apenas se reserva o direito de administrar o seu próprio caos e de impor-lhe certa ordem na tranquilidade formal das palavras.

O SILÊNCIO POR DENTRO

Recolher as palavras
Apagar os sinais
Destruir a cidade
Despovoar o silêncio

Sorrir debaixo das águas
Esperar dentro da pedra.

DESCOSENDO O ESPAÇO

O pássaro agonizante põe pela boca os milhares de quilômetros que devorou pelos ares.

O DESEMBARQUE DO POEMA

Umas não sabem a que vieram. Outras procuram o apoio de uma frase familiar após o celibato no silêncio. Erguem-se outras em curtos voos de ensaio na transparência do espaço.

Cada palavra não diz logo o que pode, mas espera. Espera o momento. Suspeitam, todas, que vieram para alguma coisa, mas falta ainda o plano. Esta vive da memória de algum poema do qual se desgarrou; aquela parece virgem de qualquer aventura e tem pressa de servir.

Vão adejando na claridade... Distribuem-se em desordem pelo espaço mental. Algumas pousam na pedra do cais e — objetos usados — ali se deixam ficar ao sol.

Olham-se. Olham para a paisagem. As que andavam juntas retomam sua autonomia, não mais voltarão a reunir-se à criação desfeita.

Se tentam agarrá-las para nova vida comum, esquivam-se, prometidas a próximas alquimias.

Estão soltas, em férias. Nada significam ainda. E enquanto esperam ser chamadas ao silêncio do poema, adejam livres na luz de limbo, anteriores ao mistério que ainda vão gerar.

O VERBO NO INFINITO

Olhar bem para as coisas que de repente deixaremos de ver para sempre.

No curso regular da frase pode uma palavra, uma imagem ou um movimento imprevisto assumir a força de uma aparição e iluminar subitamente toda a estrutura verbal. O que era neutro e opaco passa então a irradiar. Como se as palavras esperassem a privilegiada, portadora do elemento mágico que leva a todas a transfiguração da poesia.

SE...

Se, dispostos a ouvir de mais perto o rumor da alma de cada um, nos debruçamos demoradamente sobre a vida do homem tal como ela tem sido em nossos dias — chegaremos à convicção de que a quase totalidade das criaturas, mesmo as que parecem proclamar sua felicidade e gritar sua alegria, é secretamente desesperada e incapaz de estar à altura da vida.

O GRANDE SOFISMA

Não sou responsável pelas minhas insuficiências. Se minha corrente vital é acaso interrompida e foge de seu leito; se meu ser muitas vezes se desprende de seus suportes e se perde no vazio; se é frágil a minha composição orgânica e tênues os meus impulsos — culpo disso os meus pais, a sociedade, o regímen, os colégios; culpo as mulheres difíceis, os governos, as privações anteriores; culpo os antepassados em geral, o mau clima da minha cidade, a sífilis que veio nas naus descobridoras, a água salobra, as portas que se me fecharam e os muitos "sins" que esperei e me foram negados; culpo os jesuítas e o vento sudoeste; culpo os meus ingredientes astrológicos; culpo a Pedro Álvares Cabral e a Getúlio; culpo o excesso de proibições, a escassez de iodo, as viagens que não fiz, os encontros que não tive, os amigos que me faltaram e as mulheres que não me quiseram; culpo a d. João VI e ao papa; culpo a má vontade e a incompreensão geral. A todos e a tudo eu culpo.

Só não culpo a mim mesmo que sou inocente. E ao Acaso, que é irresponsável...

Há outros meios de fazer calar a Esfinge, além da resposta certa mas contraproducente que lhe deu Édipo. Um deles consistiria em adormecê-la pelo canto. Mas à primeira pausa ou dissonância, o monstro acordaria e seríamos devorados; e não poderíamos sustentar toda vida a continuidade melódica desse canto. O melhor recurso seria o do palhaço e do maldizente: mentir, intrigar, contar-lhe coisinhas e misérias de nossa vida quotidiana, fazê-la enfim interessar-se pelas nossas insignificâncias. Quando, esquecida de sua função mitológica, ela começar a fazer perguntas menos dignas, é porque já estará corrompida. Corrompida e vencida. Sem mais se lembrar da pergunta a que Édipo respondera tão direitinho e que assim mesmo o desgraçara — a ele e a toda a inditosa família.

Parece absurdo mas é compreensível que, no céu falso das vaidades endurecidas, o avanço de certas verdades tenha de ser protegido por um grupo de pequenas mentiras.

O pensamento fica prisioneiro por algum tempo de suas últimas descobertas. Estas acabam incorporando-se ao espírito geral da época e compondo a fisionomia provisória de uma geração.

Só os céticos aceitam indiferentemente todas as ideias. Como os polígamos, amam com muito espírito e pouca intensidade.

O sentimento do absoluto, do intemporal, do permanente, costuma levar a paz aos atormentados. Tempos depois, porém, abandona-os numa solidão congelante e exasperada. Só os místicos e contemplativos se sustentam nesse deserto.

O sentimento dramático do movimento, do provisório, do vir a ser, deixa-nos a princípio num estado de flutuação e perigo, tontos em busca de direções, mas já num confuso pressentimento de polos atrativos. E somos depois atirados dentro mesmo das forças vivas com as quais formamos, à nossa maneira, um Universo alimentado por energias humanas e telúricas em constante transformação e metamorfose.

Ó Heráclito, tua lição continua. As almas desamparadas, viúvas do Absoluto, podem a cada instante contrair novas núpcias.

Nas páginas de "memórias", tão em voga, há algo de balanço final, de encerramento prematuro. São, algumas, de autores jovens apenas lançados à aventura da vida. Evocação de uma vida... que não houve.

No plano histórico geral, e quase sempre no individual, nosso passado brasileiro é pobre, mal chega a ser passado, tão rala a sua densidade. A sucessão de fatos da vida pessoal e dos personagens que a atravessam — enfarosos uns, cinzentos outros — raramente desperta no leitor o interesse que acaso representa no mundo subjetivo do memorialista.

As memórias valem às vezes pela pintura indireta dos costumes sociais e das reações do comportamento humano em determinado meio.

Valem também quando o dado biográfico se dissolve em poesia. Aqui, já não é mais memória, é superação do real pela evocação lírica ou pelo humor. O que fizemos passa a ser contado como aquilo que desejávamos fazer; o que nos aconteceu, como o que sonhávamos acontecesse.

No frágil tronco da vida vivida enxertamos a vida sonhada. Uma recuperação imaginária do tempo perdido. Muito mais visão criadora e de valor universal do que simples restituição de um passado vulgar — forma frustrada de matar a saudade.

Esse recorrer contínuo ao passado constitui, ao cabo, um estratagema para dessolidarizar-nos do presente e compor-nos uma fisionomia que não nos deixe esquecidos no futuro.

As "memórias" estão surgindo. Narcotiza-se o presente com o passado. Que ciclo histórico, pessoal ou coletivo, estará se fechando?

O HOMEM E A NOITE

Não é à noite — dimensão poética ou conceito metafísico — que me refiro. Nem à noite moral, treva da alma, reminiscência teológica da ideia de queda ou pecado original. Mas à presença concreta, íntima, da noite: a que se aproxima da cama ou do banco do jardim para nos colher; a que nos dá a beber a sua substância de esquecimento; a que vem sem ser chamada e é esperada como um armistício. A noite necessária na qual nos enrolamos e que se enrola em nós, noite particular e espessa com a qual dormimos.

Átomo da grande noite indivisível.

❖

O crime maior não é conservar ainda a condenada Torre de Babel. É andarem retocando-a e enfeitando-a para a última festa.

A BICICLETA DO FILHO PRÓDIGO

(resumo do drama)

Ao erguer-se o pano, o herói é visto atirando ao chão o prato.

— *Aí está uma solução* — diz olhando para os cacos. E voltando-se para a mãe:

— *Mãe, faço hoje quinze anos; não quero carinho; quero revólver.*

— *Bebê, meu filho, para que queres revólver?*

— *Mãe, em primeiro lugar peço que não me chames Bebê. Damião é o nome que me deste, feio nome, aliás. Se peço revólver é para atirar nos outros, nada mais.*

— *Damião, meu filho, que Deus te perdoe.*

Nesse ínterim, entra o pai com enorme embrulho. Beija o filho.

— *Pai, não quero saber de beijos. Tenho quinze anos e já pedi revólver... Eu queria também qualquer máquina de fugir; será que não trazes alguma neste embrulho?...*

— *Filho atrevido, é o teu presente de aniversário! Antes não o trouxesse!...*

O pai, encolerizado, joga ao chão o embrulho e sai, enquanto o filho avança para o presente e começa a rasgar-lhe o invólucro.

(Efeito musical.)

Quando dá com a bicicleta toda despida e reluzente nos metais, cai de beijos em cima dela e começa a lambê-la. As rodas produzem-lhe vertigens de partida.

Toma entre os braços o aparelho e, o olhar desvairado, a respiração suspensa, abre a porta que dá para a escuridão do lá-fora. Volta-se para despedir-se dos objetos familiares. Longo e triste olhar.

(Ouve-se uma surdina de flautas e violinos.)

— *Adeus, mãe! Adeus, pai! Até nunca mais!*

(Cai o pano.)

Todo o segundo ato passa-o o herói a andar de bicicleta fora da cena. A plateia reclama. O palco continua intensamente vazio. Ouve-se apenas o farfalhar dos leques de verão no colo das damas. Centenas de cigarros reluzem na penumbra. Chega o momento em que o herói aparece desgrenhado e explica rapidamente ao público:

— *Os senhores estão vendo que o espaço é pequeno. É por isso. Além do mais, o que eu quero é ir-me embora. O Brasil é grande, este mundo é maior, e vocês todos são uns imbecis...*

Monta de novo na bicicleta e atravessa o palco a dizer adeus com a mão esquerda.

O público não deve agastar-se, porque logo a seguir — apenas o tempo de trocar o cenário — o herói reaparece. Está sentado no centro do palco meio escuro, e empunha uma baliza. Na ponta da baliza um relógio vai marcando: 18... 23... 27... num mostrador luminoso semelhante ao das bombas de gasolina.

A cada número corresponde a mutação do pano de fundo, o qual ora representa o cais do porto, ora o Brasil Central, uma aldeia do Oriente, o interior de uma pensão alegre, o pátio de um presídio, uma estrada do Nordeste, uma sala de hospital etc...

Algumas personagens femininas, horrivelmente pintadas, sentam-se nos joelhos do herói, mas logo o largam num empurrão, enfastiadas. Quando o relógio marca 33 anos, o Filho Pródigo começa a envelhecer a olhos vistos.

(Música altíssima, só de instrumentos de sopro, sobressaindo um fagote nostálgico. O pano cai apressadamente.)

Terceiro ato. Quinze anos depois. Entardecer no interior de uma casa modesta. Ouve-se o gemido sem consolo da mãe de Damião debruçada à janela, a olhar para os caminhos. Senta-se a pobre mulher junto à velha roca e começa a fiar. Às primeiras sombras da noite entra o pai sobraçando enorme peixe.

O pai:

— *Ainda? Ó mulher, quem te disse que o pranto faz voltar aquele por quem se chora? Olha o peixe que te trouxe para a ceia de amanhã.*

(Joga o peixe na mesa.)

A mãe (*perdidamente*): — *Ele não deve estar longe, eu pressinto... Oh! por que o acompanharam também os outros irmãos?*

— *Porque são uns idiotas* — responde o marido. — *Imitadores! Sempre os preveni de que não há nada lá fora. Nada além destes umbrais!...*

— *Ah, sou eu a culpada, bem sei. Por que não os tive sempre junto ao calor do seio?... Por que não compreendi o silêncio do mais velho quando trazia os olhos cravados no horizonte?*

— *Nada disso, mulher. Foi uma questão de bicicleta.*

Neste momento, um fio de linha desprende-se da roca e põe-se a caminhar sozinho em direção à janela, enquanto a velha o segue, pasmada. Levanta-se, resolve acompanhá-lo pessoalmente. O fio desvia-se para a porta, toca-lhe a madeira, recua, toca-a de novo como querendo forçá-la. A mãe procura interpretar. Enquanto isso, sentado ao canto, põe-se o marido a escamar o peixe. A desventurada mãe compreende finalmente o que quer o fio de linha. Abre a porta. Abre também a boca. Leva as mãos à cabeça e exclama "Oh!", diante da enorme figura cambaleante e maltrapilha que surge ante seus olhos.

É o Filho Pródigo que volta, sobraçando uma roda de bicicleta. O momento mais forte do drama.

Damião está quase irreconhecível. Seu vulto parece duas vezes mais alto do que quando partira. Todo ossos e tendões.

— *Mãe, eu queria um banho geral.*

(Aqui, devido ao prosaico do pedido, a emoção do público decai visivelmente; e se não chega ao cômico é porque a sujeira do filho é realmente de entristecer.)

Há troca de olhares. No rosto rugoso de Damião a velha lê o traçado dos caminhos percorridos. Comove-se. Por um instante apenas. Porque logo enxuga as lágrimas e fecha a cara.

— *E os outros?* — indaga.

— *Os outros... os outros... já vêm vindo por aí...*

— *Sente-se!* — ordena-lhe a velha. — *Já viu tudo? Está satisfeito?... Então... tome!*

E largou a bofetada.

(*Pizzicato* de violoncelos.)

O filho vira a outra face. A mãe, o rosto iluminado de alegria, exclama:

— *Ah!... Enfim!...*

Retira-se a providenciar qualquer coisa. Antes que cheguem os outros irmãos, começa o pano a cair devagar, enquanto a cena é invadida pelas escamas opalescentes do grande peixe que o pai continua tranquilamente a descascar, alheio ao que se passa em torno.

(Deve o público abster-se de aplaudir logo, a fim de que possa ouvir o rumor da água enchendo a banheira atrás do pano.)

Pedaços de bicicleta, velas de jangada, patins, proas de barco e patas de cavalo são atirados sobre a plateia, que se vê obrigada a retirar-se.

São os irmãos que chegaram e estão se despojando de seus aparelhos de fugir...

De Prometeu que sangrou no rochedo, a dor mais forte não viria das bicadas do abutre. Nem da solidão orgulhosa. Mas de ter duvidado um minuto, se é que acaso chegou a duvidar.

São os idiotas dotados de certas intuições que escasseiam em muitos espíritos superiores. É como que uma iluminação instantânea a atravessar-lhes a zona opaca da consciência, e que se realiza além dos limites em que os mitos e as estruturas habituais do espírito operam o seu jogo. Fenômeno intraduzível a não ser pelo riso — o riso dos idiotas. Esse riso é oposto ao do Dionisos nietzschiano e exprime ao mesmo tempo a visão subjetiva do idiota e a sua resignação à incapacidade de exprimi-la.

O espírito muda de posição ou retorna à antiga em que repousa e se aborrece. Só mais tarde vem a saber que o melhor tempo era quando andava livre à procura de uma solução, quando fazia passear suas inquietações.

O ÍDOLO E SEUS IDIOTAS

Por mais que afete simplicidade, o grande homem do dia — criatura do equívoco e do cartaz — não deixará de considerar nos seus admiradores aqueles que o vão passando aos poucos para a condição de estátua.

Menos reconhecidos devemos ser aos que nos seguem do que àqueles que se afastam de nós de uma maneira ardente.

Tanto nos leva ao porto o navio quanto o mar.

Vai a alimária trotando e vai o carro chispado: gente vagarosa do campo, a pé; gente nervosa das cidades, ao volante. Uns param e vão rezar nos oratórios dos caminhos; outros, para se reabastecerem nos postos de gasolina. Os últimos são quase sempre filhos e netos dos primeiros. Mas se desconhecem ou se desprezam.

Quando tentam conversar, resulta um diálogo frustrado, ininteligível...

— Ou tu me decifras, ou eu te devoro.

A Esfinge dera longo prazo. Não foi decifrada. E quando ia aplicar a pena, achou que não era preciso: os próprios homens se entredevoravam. Então começou a rir. Ri até hoje...

INTERVALO PARA RESPIRAR

Hora neutra entre a tutela suspensa do sol anterior e a promessa-ameaça dos tempos a seguir. Abandono do turbilhão adotivo, intervalo de calmaria, à espera da matilha desencadeada...

OS ANTISSOMBRA

Interrompidos por falta de matrícula os cursos do cemitério, a mocidade inicia nos lados do sol a aprendizagem do futuro.

A FORMAÇÃO DO TERCEIRO

Ajuntamento de fluxos
Na planície do ventre
Alguma coisa de nós
Tocou no interdito mundo

Desconhecido gemido
Que não é meu nem teu
Saliva de beijo e raiva

Espécie em prosseguimento...

Dar tudo por terminado? Acabar? Pois se foi ontem mesmo, não faz nem cem anos, que eu nasci!... Então era só *isso*?

Nada pode contra o poeta. Nada pode contra esse incorrigível que tão bem vive e se arranja em meio aos destroços do palácio imaginário que lhe caiu em cima.

Poeta, recuperador da presença perdida...

OS ANTISSOMBRA

Enquanto tarda a infalível claridade, vai-te arranjando com a que destilares da sombra comprimida.

VIAJANTE SEM PASSAPORTE

Enfim, o que importa é o frêmito da partida; a pista, a praia e a plataforma se afastando... a palpitação das águas no sulco distanciante da popa...

O que importa é a esperança vaga do encontro (que encontro?) alimentada pelo perpétuo adiamento da chegada.

As palavras que te vão servir; as mais nuas; as que, apesar da ganga de reflexos mortos de que são portadoras, ainda não perderam a pureza e irradiação originárias — essas palavras só chegarão ao teu poema depois que afastares aquelas ou a combinação daquelas que tamanha confusão e barulho costumam fazer à entrada de teu espírito.

Quando as pedras forem promovidas ao reino vegetal...

OS ANTISSOMBRA

Depois do frenesi do abraço, pediu-lhe a rapariga que atirasse fora o invisível saco de sombras e angústias, já agora uma desnecessidade. Estava transfigurado. Era quase um tímido adolescente.

— Ainda hesitas? — disse-lhe a moça. — Eu compreendo; remorso de seres infiel aos teus últimos fantasmas. Chega até aqui (puxa-o pelo braço). Olha o que vem entrando pela veneziana... Segue o exemplo.

Era o sol. Mas não foi a recomendação da moça, foi o sorriso dela — complemento musical de ouro e saliva à revelação da noite — que levou o rapaz a gritar ao sair: "Abaixo

Kierkegaard!" Exclamação a que se seguiu um tropel de coisas se deslocando em seu mundo interior.

Saiu a vagar pelas ruas. Ruas da mesma cidade? Não; de uma cidade redescoberta. Sobre ela começava a flutuar, ora íntegra, ora se desmanchando, a imagem da primeira mulher amada...

A BARRACA DE ORESTES

Ergue-se ao sol o belo edifício da mulher-virago que outrora vendia na feira livre cebolas de Minas e cerâmica do Norte.

Rica velha, em penhoar de seda, a contemplar o filho lá embaixo na barraquinha. O pobrezinho. Com que enfado oferece as mercadorias.

— Não sei a que pai te atribuir, filho de minhas entranhas, tão diferente do que eu sonhara!... Esposa simultânea de muitos maridos, não posso dizer de qual deles herdaste essa vontade de sofrer, essa aflição de não querer viver na terra. Vende... vende direitinho os teus potes, meu filho!...

Assim falava a mulher do alto do seu terraço, enquanto o moço, desanimado, cruzava e descruzava as pernas, tão longe e tão perto, dentro das lentes do binóculo com que a mãe o observava.

Entre potes e réstias de cebolas — o rapazinho lê Rimbaud. Só lhe falta insultar o freguês que o interrompe.

Sua palidez não fica mal entre potes, seu orgulho não fica bem entre cebolas.

E o rapazinho responde cá de baixo, em pensamento:

— Vitoriosa nos lupanares e, hoje, na feira livre, ó mãe lá em cima, grande dama agora, teu filho apenas quer saber quem foi seu pai, aquele de quem herdou essa revolta e tão funda tristeza de viver!

E o nítido colóquio, a distância, se estabelece.

— Ó filho, meu filho, onde aprendeste esta linguagem que tanto perturba a paz de tua mãe?... Hoje não sou mais que uma velha tranquila a descansar na rede de seu terraço. Deixa-me esquecer o passado e sentir as delícias do vento que vem do mar e agora sopra em meu corpo.

— Teu corpo!... Teu corpo!... Responde, mãe, à minha pergunta.

— Como? Se nem nas entranhas donde saíste guardei memória de teu pai!...

— Velha prostituta. Maldita a noite em que um anônimo deixou cair em teu ventre a semente de um desesperado!

— Meu filho, não compliques as coisas. Guarda esse livro. Continua a vender direitinho os teus potes, as tuas cebolas.

Semivencido, leva o filho o lenço à testa, enxuga o suor.

— Vá lá com os potes! Com as cebolas não, mamãe...

PREPARATIVOS

Pela insônia das noites, vai-se prosseguindo, em delicioso trabalho clandestino, a construção de uma plataforma de espera onde serás recebida com os despojos de tua viagem pelos astros.

❖

Nem no fundo do abismo, nem muito longe dele, sem pressenti-lo.

Um jogo na orla perigosa, entre a consciência e a vertigem.

Quanto mais fortes as raízes do nosso ser, maior a tentação de arriscar nossa identidade em longos cruzeiros de conquista e reconhecimento fora de nós mesmos.

Às vezes não se volta mais.

Artista do verso, muitas vezes inimigo inesperado da poesia...

Ninguém pode abrir sozinho o seu túnel pessoal para a claridade do dia, sem o risco de morrer sob os entulhos.

Parecia que de cada poro da pele partiam as palavras. Minha máquina de falar batia o recorde. Eu respondia aos ataques com velocidade. Barragens sobre barragens de frases. Às vezes, simples sons inarticulados. Queimei minha munição. Defendi quanto pude o meu silêncio. E voltei para casa sem que ele me pudesse servir — inutilizado que ficou pela violência com que o protegi.

OS ANTISSOMBRA

O difícil não é aprofundar a solidão; é dela sair com a vida entre os dentes.

É da minha garganta que eu atiro. De lá que eu distribuo. Lá que apanho as armas. Se articulo, porém, as palavras, a voz fraca e surda desautoriza o pensamento; a força da ideia reflui às nascentes do silêncio. Só se eu gritasse!... Mas não há cólera nem acento profético. E uma aranha, talvez carangue-jo, instalara-se na zona do som onde mergulhava devagar os tentáculos prolongados...

Chamado a depor, o poeta denuncia de novo o assalto dos homens contra o homem. Escutam-no em silêncio. E quando começa a formular com firmeza a sua nova esperança, obri-gam-no a voltar às grades.

Ei-lo a passar como um triunfador do futuro entre renques de caras boçais. E para que não o molestem, corre a socorrê-lo a imaginação. Guardas e grades subitamente se dissipam. O detento retorna então à sede provisória de suas atividades:

Na praia
Percutindo conchas
Ao vento
Entre os teares de sombra.

O INFRADESESPERO

Há um tipo provisório de desespero — mais que impaciência menos que angústia — que ocorre dentro mesmo e à revelia do grande desespero, do qual seria uma partícula necrosada capaz de invadi-lo subitamente — e que pode ser conjurado por agentes físicos e acontecimentos exteriores à alma: a chegada de uma carta, a ingestão de um alcaloide, um telefonema, o acender de uma lâmpada, a aparição de uma mulher... É mal-estar passageiro, uma como ruptura de equilíbrio por interrupção ou brusca mudança de velocidade em nossa corrente vital.

Esse mal-estar, porém — sem maior significação, e removível mediante pequenos acasos e expedientes pueris —, pode levar inopinadamente ao suicídio, transformando-se em fatalidade do destino. É preciso opor-lhe sempre os nossos *recursos de cá*.

— Recursos de cá?

— Tudo o que, vago e indecifrado, ainda seja deste mundo... todas as forças, presenças e relações que constituem o nosso *eu* quotidiano desligado de suas raízes transcendentes, e à margem do divino perdido...

A ATIVIDADE DOS HOMENS
Nº 1

O BREVE ENCONTRO

Era deles o outro lado do rio, deles o direito à floresta. A qualquer ameaça ou imprudência dos brancos, milhares de setas envenenadas partiriam das moitas. E seria, no céu, uma cortina de flechas atrás da qual continuariam livres e nus. Se não pretendiam conquistar-lhes as terras, que vinham fazer ali aqueles brancos ávidos? Nada mais que uma reportagem: uma reportagem para distrair os "civilizados"; e, por acréscimo, satisfazer uma curiosidade, espiar lá dentro, ver como pode ser a vida dos que vivem fora da nossa, dos que dela não precisam nem querem aproximar-se.

Aventura sem reciprocidade. Entre nós e eles, a barragem do rio, a cortina de flechas. Foi por cima dessa barragem que se tentou o breve encontro.

De um lado, os enfarados da cidade; de outro, os desconfiados da selva. Na tela se lia bem a tensão do momento culminante. A câmara ficou atrás. E, atrás da câmara — escondidas mas assestadas —, as armas automáticas a um só tempo garantiram o êxito da empresa e a vida de cada um.

Os homens avançam com cautela e acenos de paz, agitando nas mãos o passaporte das miçangas.

Na outra margem a tribo compreendera: turistas da cidade! No meio deles, algumas damas a rezarem aflitas para que tudo aquilo acabasse em paz e pudessem voltar aos salões da metrópole para o relato da aventura. Se vinham com boas intenções, que se aproximassem.

À vista das miçangas que cintilavam como sóis hipnóticos, as índias escondidas estremeceram. Deu-se o encontro. E como quem não quer compromissos e teme o contato de civilizados além do tempo necessário para o recebimento de alguns objetos extravagantes mas sedutores: roupas, chapéus, bentinhos, coisas resplandecentes — os xavantes fizeram sentir aos brancos que podiam ir embora. Deram por terminada a audiência. E gesticulavam impacientes. Era como se lhes falassem: — Agora chega! Já devem estar satisfeitos. Passem para a barranca de lá e esqueçam o caminho. Aqui não nos falta nada.

E dando-lhes as costas, reinternaram-se na brenha...

OS PERSONAGENS

Sempre assim: chega quando é menos esperado, quando o supõem desaparecido ou morto.

Entra, deslizante e vago — meio corrente de ar, meio fantasma. A roupa neutra, o olhar alucinado, a idade indecisa. Mal acaba de chegar, verifica que "não é aquilo" e pede o chapéu. Rápida é a sombra que marca em seu rosto a passagem do entusiasmo à decepção.

Retira-se então, as narinas palpitando ao faro de alguma coisa que ainda não apareceu e está quase... Quase a surpresa... quase o encontro maravilhoso...

Nunca se lembra do que lhe sucedeu na véspera nem faz planos para o amanhã. Mas não quer perder um minuto sequer das horas que escoam, e nenhuma das possibilidades deste mundo lhe é indiferente. Sofre ao pensar nas coisas que possam estar acontecendo, longe, à sua revelia.

Na verdade, é um tipo que nunca se senta, nem chega a chegar completamente. Está sempre saindo. E saindo sempre com o ar de quem vai atirar-se pela janela...

O TRANSITÓRIO DEFINITIVO

O meu fim é Santa Maria, castelo de passarinhos...

Me casaram várias vezes. Aos homens que feri em brigas pelo caminho, eu dizia: — Não há de ser nada; estou de passagem para Santa Maria.

E às mulheres que abracei: — Fiquem com os filhos. Eu levo a lembrança. Estou indo para Santa Maria, castelo de passarinhos.

Entre as muitas aldeias de pouso, numa acordei com banda de música e gente debaixo da sacada: — Senhor, sabemos que estais de passagem. Aqui ninguém presta. Aceitai ser o nosso chefe.

— Eu também não presto, respondi. E estou de passagem. Deixai-me dormir...

E bati-lhes a veneziana.

Fiquei. Armei pontes, retifiquei o rio. Construí piscinas e um auditório onde preguei a centenas de ouvintes.

Falaram-me de algumas precisões: um chafariz, uma igreja, uma escola, talvez uma nova seita. Que eu poderia, etc...

Abri jardim para os namorados, horrorizei-me de meu próprio busto erguido entre as flores do canteiro principal.

E quando a moça mais linda que eu estreitava nos braços gemia: "Ó tu que para sempre serás meu!", logo eu atalhava: "Não pode ser, minha filha, não pode ser... Estou seguindo para Santa Maria, castelo de passarinhos..."

Mais adiante, me condenaram. Respondi aos juízes:

— Para quê, se estou de passagem para Santa Maria? Mais vale, em vez da pena, um banho delicioso no rio.

E segui caminho.

Há mais de cinquenta anos que estou indo para Santa Maria. O que não é sacrifício para quem sabe que há de chegar.

E enquanto não chego, vou-me distraindo à minha manei-
ra, ora rindo, ora gemendo.

Os pequenos acontecimentos avultam aos meus olhos, os
grandes se amesquinham.

Tomo parte na vida das cidades, nos negócios dos homens.
E se acaso tropeço, não é contra as pedras, é contra a minha
sombra.

Prendo-me aos seres e objetos com o fervor de quem vai
perdê-los para sempre. Porque afinal este mundo, tal como está,
se eu gosto dele um bocadinho, é no momento mesmo em que
penso largá-lo. Mas isso eu nunca digo.

E vou andando...

Se alguém pergunta quem sou, respondem todos: Não se
sabe. Vive dizendo que está indo para um castelo de pas-
sarinho...

Sempre assim.

Quando a vida me aborrece, largo tudo de repente, apa-
nho a trouxa, e vou tocando devagarinho para Santa Maria,
castelo de passarinhos...

Ou tu és um monstro de força, ou bem que me podias
ensinar como construíste tua casa mesmo no meio da ventania.

PONTE DE MÃO ÚNICA

Que adianta a ponte que o poeta lança às vezes para o lado
donde sobem os clamores do sofrimento, se ela só dá passagem de volta ao próprio poeta e a ninguém mais?

O RIMBÔZINHO

Não se magoou o menino com as palmadas nem com a rude repreensão. Sentiu-se, porém, ofendido e, de raiva, rasgou as vestes ao perceber que os pais procuravam explicar baixinho o que se estaria passando no íntimo de seu coração — de seu coração enigmático que se exasperava ainda mais ante a tentativa de quererem defini-lo.

A CASA ROUCA

Ficara o galo, sobrevivência da ruína.

Rouco o seu canto. Canto que não parecia mais de galo, senão a própria voz da casa abandonada. Casa rachada ao sol, aluindo-se ao vento de chuva.

Não mais agora figuras humanas entrando; apenas lagartixas e morcegos para recepção às sombras.

Casa rouca submersa no matagal, teu galo ficou. E seu canto perdeu o timbre de sol, já não inaugura os dias. E se fez adequado aos estragos do reboco, à podridão das esquadrias — última secreção de paredes gemidas.

Galo rouco. Casa rouca.

A MÁSCARA

Não conseguia inculcar sua grandeza àquele círculo de salafrários. Era afinal a sua roda. Dava a impressão de que os acompanhava ou fingia acompanhá-los em tudo. Mas eis que o poema publicado vem arrancar-lhe a máscara. É um poeta!

Ainda que o queira, ninguém lhe acredita na baixeza. Agora, só lhe resta o direito de continuar desgraçado...

Iara, mundana perfumada, disse a d. Olívia, mulher piedosa, que um dia havia de ser como ela. Só estava esperando que lhe acabassem as "festas" da carne.

Humor, rebelião tranquila do espírito contra a miséria envergonhada da condição humana.

AMAZONAS E PAMPULHA

Última amostra do caos — um dia há de entrar fininho pelas turbinas o ronco de tuas águas.

Ao sul, os engenheiros conspiram o assalto. E já te medem a cálculos e instrumentos.

Resiste, vale selvagem, ao círculo de cimento e ferro, cabos e tubos, com que pretendem converter o teu privilegiado turbilhão em Pampulha — convento de águas pacificadas.

MATERIAL DE CONSTRUÇÃO

Os amantes rompidos jamais deveriam devolver as cartas de amor. Nem queimá-las. Elas não lhes pertencem. Pertencem ao universal "Monumento ao Amor", nunca terminado...

O DORSO DO DIA

A surpresa vinha menos do aceleramento da madrugada que do término brusco da noite.

Horas antes, correntes afetivas que pareciam caducas haviam-se reanimado. À saída, a exclamação de um de nós revalidou na alma de todos o mito da lua grande largada no mar. Bebia-se no último andar de um arranha-céu, ninho de uma mulher insone. Cabeças astecas irradiavam magia nas paredes; melopeias paraguaias rolavam nos discos.

— Olha lá! Olha o que vem surgindo pela vidraça!... Uma montanha!

...Uma montanha de que ninguém sabia.

— Apague a lâmpada, madame. É o dia!

Pouco antes, não era aquilo mais que um coágulo da noite, ajuntamento de sombras. Agora, bem à queima-roupa, maciço de árvores e terra — a montanha impressentida. Nem aviso houvera: as estrelas largaram o céu precipitadamente, a viração correu. E o morro libertou-se da noite.

Ei-lo a descoberto, todo ele latindo e cantando — a voz de seus galos e cães a acelerar a aparição anêmica das favelas, o ritmo das bananeiras acenando para o mar, e a marcha de suas primeiras mulheres carregando água.

Era o dorso do dia, coisa violenta colada às persianas, em tempo de invadir o apartamento e amarfanhar os tapetes.

Saímos precipitadamente...

"e me transformo em notícia".
(CARLOS DRUMMOND DE ANDRADE)

Dos quatro elementos com que tratara, teve que afastar o fogo, em vista da prova mutilante da infância. Depois, entregou-se com fervor à água: enchentes, rios e proibidas lagoas receberam-no na intimidade e lhe dilataram o ser até onde recomeçava a terra das margens. E como se destinasse por ofício e vocação à terra que a água ajuda a fecundar — passou de uma a outra, que juntas dão gado, peixe e cereais, além da oferta quotidiana de muita poesia. Finalmente, faltava a descoberta do ar que a tudo envolve e era infinitamente virgem outrora. E largando água e terra, tomou o gosto das grandes altitudes e viajou entre corredores de nuvens por cima das multiplicadas montanhas de Minas. Aí conheceu de perto a felicidade dos pássaros no uso livre do espaço. Antigo caçador, quebrou a espingarda, nunca mais atirou neles.

Mas o velho fogo, agora contido e regrado em sua combustão propulsora, falhou na máquina; e do alto céu projetou-o em boa terra de plantação, onde, reacendendo-se em belas chamas, consumiu de vez o seu corpo.

Era um homem-criança que a todo o mundo oferecia o coração e a camisa.

O que tudo aconteceu às dez horas da manhã, num dia de sol, a poucos metros das águas do São Francisco, seu rio.

A LENDA DA GRIPE

Essa chuvinha fria, chuva abstrata, chuva de vazio que tanto cai no íntimo de nosso ser como nas suas ramificações mais distantes; esse ressecamento moral, espasmo do espírito e ardor de mucosas; essa desmoralização súbita, vaia fininha de cruel e invisível plateia — quem disse que a gripe é doença?

Estado de alma, sim. Variação cíclica de nosso ser profundo numa febre de atividade que nada tem a ver com a que se inscreve nos termômetros.

Seu propósito evidente é a nossa reforma interior, tanto assim que manda logo a chuvinha, tão desagradável a princípio, visando apenas ao nosso desmonte.

Tudo que é sujeira, ganga ou formação aluvionária vai-se desprendendo e caindo. São os trabalhos preliminares. Mesmo que depois disso o nosso diamante íntimo se recuse a fulgurar (e talvez não fulgure nunca!), pelo menos estamos limpos da ferrugem pessoal e prontas as nossas antenas à apreensão do que nos foge sempre em épocas habituais.

É nesse momento que um vulto costuma entrar com uma lâmpada que deixa colocada à nossa cabeceira. Ninguém se iluda: é o enviado da gripe, o cartógrafo! O mesmo que serviu à nossa infância nas diversas febres em que ela ardeu e progrediu em lucidez.

Esse cartógrafo, sempre rejuvenescido, inclina-se para nós e, à luz da lâmpada, desdobra o seu mapa mágico, com a presença real, posto que em miniatura, de uma porção de seres e coisas do Universo. E assim se deixam ver: na água, os peixes e navios; na terra, as árvores e cidades. E ainda se descobre nos horizontes contraídos em escala liliputiana o que fazem homens e mulheres, o que dizem, o que cantam e brincam. Tal o poder da lâmpada.

Mesmo depois de ausentar-se, a gripe no-la confia por algum tempo. E finalmente a retira. Quando não é a própria lâmpada que se apaga e desaparece, por incompatível com a luz prosaica.

Privados dela, chegamos à porta onde recebemos o primeiro choque: o mundo! O mesmo de sempre, ilustração pungente de um erro milenário... o mundo com suas ruas e veículos, as mesmas figuras repetindo hábitos e gestos, incapazes de se darem conta do que podem.

Nessa hora, ou a gente larga para sempre a casa e vai providenciar a transformação do mundo, o que não é obra de um homem só e convalescente; ou entra para reclamar a lâmpada a que se tem direito mediante nova recaída.

Se, porém, a gripe volta sem a lâmpada e o cartógrafo, é porque a doença já foi revertida à rotina e vai prosseguir sem transcendência...

ESPAÇO DE BORBOLETA, ESTRADA DE ENGENHEIRO

A viagem do poeta ao ponto mais alto é um voo fácil para o ninho. Os trabalhadores vêm de baixo, rasgando na rocha...

Dentro mesmo da opacidade do irracional, colocar a mina que vai explodir e alargar a área a ser iluminada.

O melhor momento da flecha não é o de sua inserção no alvo, mas o da trajetória entre o arco e a chegada — passeio fremente.

IMPACIÊNCIA

Fonte fechada ou diamante encoberto — a certeza de que os guardamos em nós mal consola da demora de fazê-los um dia correr e reluzir para todos.

O TERCEIRO

Meu duplo *é insuportável. Vem sempre brigar comigo. Quando não é para brigar, é para zombar.*

Se boto asas, ele acrescenta um rabo. No momento em que pretendo ensaiar o voo, ele me obriga a rastejar.

Mãe, não posso ser o anjo que você pediu. Os caminhos da inocência dão para a estrada do mal.

Minhas purezas acabam em porcaria.

É ele, mãe, é ele que me atrapalha!

Se descubro um irmão, ele me envenena: "Cuidado, pode ser um inimigo." Se me entusiasma um gênio, ele interrompe: "É possível, mas tem algo de imbecil."

Se tomo qualquer iniciativa, ele me pergunta: "Para quê?" Se não faço nada, ele finge espanto: "Ué! Morreu?"

Sempre assim: travando minhas pernas quando me manda caminhar, instilando-me a dúvida quando me convida a crer. Até ao meu sono ele desce e interfere nos sonhos.

Quando meu duplo mais entretido se mostra comigo, então eu aproveito e fujo... Abandono os dois e formo o terceiro.

O terceiro é a delícia da libertação, longe da vítima e de seu sadista.

Como terceiro, assisto à briga dos dois. É um espetáculo.
Aprendo os golpes. E me exercito para combater com vantagem os inimigos que ficaram de vir.
Eles parece que são muitos. E já estão descendo do futuro...

Não há mais prazer e dor em ritmo alternativo. De tanto se frequentarem, acabaram morando juntos e confundidos.

Nunca peças conta, na idade viril de teu espírito, às angústias da mocidade. Nem te envergonhes do tempo da ardente aprendizagem, quando usavas subterfúgios para proteger tua timidez. Nada de infame nesses expedientes. Apenas um recurso dilatório à tua afirmação final.

O HOMEM E SUA FACHADA

Toda a vida venho reclamando a prorrogação do prazo para terminar a minha fachada. Não querem atender-me. Nem sei mais o que alegar.

Terminar da noite para o dia, não posso. Mas também é aborrecido ficar sempre atrás de andaimes e caminhar para a morte antes de concluir-se a construção.

Ninguém se espantará se eu confessar que talvez não termine nunca a minha fachada. Tenho adotado diferentes modelos. Mas logo me aborreço e passo para outro.

O que me atrapalha bastante são as discussões a meu respeito. Perde-se muito tempo nisso. Às vezes quero intervir, mas não vale a pena, pois quando discutem minha fachada, já utilizo outra muito diferente, oposta mesmo às anteriores. Tudo resultado de eu não ter ainda fachada própria.

Afinal, eu me pergunto: quando terminarei a minha? Ou melhor, quando cairá a que recomecei? Pois as minhas fachadas caem todas... Talvez porque costumo aproveitar em cada uma o material das outras; talvez porque não se possam manter no espaço em que as levanto.

Até que tudo se resolva, vou tendo a fachada que me atribuem.

São assim várias e numerosas as minhas fachadas.

Muitas vezes se voltam contra mim, tapam-me, não me deixam quase respirar. Outras vezes — isso é frequente — se despregam de mim e vão erguer-se longe, enquanto eu fico atrás me rindo. Aí então, aproveito os momentos disponíveis para distrair-me. Sinto-me livre e cresço mais. E deixo os outros falarem mal da fachada anterior.

Tenho uma fachada na universidade, outra nas rodas mundanas, outra no quarto de meu bem.

Trabalho agora num tipo ideal de fachada. Permeável, sonora e elástica. Mutável, segundo o olhar de quem a contempla e a luz da paisagem para a qual se abre. Especialmente projetada para servir de aparência a algum edifício invisível. Insusceptível de ser reproduzida.

Mas não me peçam que a termine tão cedo. O material é fluido. Vou trabalhando nela como posso, dia e noite. Com certa demora, pois há sempre pequenos incidentes. Por exemplo: meto um prego, ele perfura o Azul.

Tento fixar um tijolo, ele cai no Vazio.

Mas não desanimo. Minha paciência é grande. Vão ver depois que esplêndida fachada vai ser a minha.

SE...

Se foi esquecida a obra a que deste ou supões ter dado o melhor de teu gênio e de teu sangue, não fiques ao lado dela como guardião de túmulo, mas como lavrador à espera de que a semente germine.

Ó severa e escrupulosa preguiça, tua força às vezes não se aplica aos novos tempos. Não aparentas um gesto, não tomas sequer uma iniciativa.

No entanto nunca descai o ardor antigo, é sem remitência tua vigilância, e tua constância na lucidez traz sabedoria e estoicismo.

Nem de longe queria pensar na aproximação da Morte, a qual o obrigaria, como a aparição de um bandido, a mostrar tudo o que tem.

"O sono da razão gera monstros"; o da imaginação produz pigmeus.

Seja em consequência de um vaticínio de pitonisa a influir vergonhosamente nas remanescentes fibras da superstição, ou por pressentimento de ruína orgânica ante a idade que avança — o homem, na certeza de que seu prazo não tarda a terminar, procura abolir o sono e, assim fazendo, duplicar o tempo que ainda lhe resta.

Sustentado pela febre de um interesse voraz pela vida, redobra as atividades de seu silêncio à procura daquela chave com que o mundo sempre lhe acenou e que nunca lhe chega às mãos.

Residência visível de meu ser, fria casa abandonada — às vezes parece que te largo tal como estás e me projeto além de tuas grades. E digo: quem quiser saber de mim, fale ao tripulante da nuvem, não à estátua que emudeceu atrás, esquife do antigo encarcerado.

Falsa fuga, recurso delirante...

Esse aglomerado de ossos, vísceras e humores, esse complexo de fibras excitáveis e depósito de memórias — é menos unidade orgânica do que passagem de fluidos, folhas da grande árvore cósmica que liga céus e terra, espírito e sangue, espaço de dentro e espaço de fora em viva transmutação de forças com o Universo.

Ninguém precisa sair de si para participar do ilimitado. Cada qual está perto do longe e contém o Todo, como a gota de água é mar dentro do mar.

Basta — dizia Blake — que estejam limpas as portas da percepção para que as coisas apareçam tais como são: infinitas.

❖

Morderás a própria cauda como os escorpiões e serás sempre o celibatário da vida, se não rejeitares o ódio e o amor que não te projetam muito além do seu objeto.

OS PERSONAGENS

Aquele homem se compraz em apagar nos outros o ardor que já teve, as ilusões que o embalaram. Ri-se quando vê a juventude procurar novos espaços para uma respiração mais larga. Acha que tudo está cartografado e numerado. É um ressecador de almas. Apenas se deixa viver. Sente frio na vida, como em noivado com mulher velha.

Queixa-se outro homem de que não se adapta a "este mundo", nem tem forças para se rebelar contra ele; mas que procura fazer, com meticuloso escrúpulo e obediência às convenções, a paródia da vida que todos levamos; que se tornou exemplar apenas como represália! Ele se asfixia dentro do aparelho complicadíssimo que usa para resguardar sua inocência.

Ambos envelhecem.

QUASE

Eis que num sussurro de asas vinham descendo os elementos da coisa a ser criada. Não eram apenas imagens gratuitas ou aproximativas, mas elementos comprometidos numa constelação implícita, ainda sem céu para começar a compor-se e fulgurar. Ao poeta cabia agora a sua parte de artista, mínima, que só ela bastava para a evidência e esplendor do objeto pressentido. Nega-se, porém, o poeta a intervir, temendo que a qualquer aceno seu as imagens debandassem ou que se turvasse a pureza de seu espaço de voar.

Que por si mesmas, em livre e aéreo movimento, tecessem elas o poema gratuito... Mas fugiram as imagens! Fugiram para tornar em seguida.

Dessa vez, insistindo mais. E tão familiares e amadurecidas, que já antecipavam palavras e ritmos da obra prefigurada.

O poeta limitou-se apenas a apreciar o prodígio.

Quase...

Consumimos o melhor tempo da vida a apalpar o terreno, reunir dados, instalar sondas, armar os aparelhos, ajuntar material. Tudo para começarmos a viver. Quando se aproxima o dia da prova — que dia? que prova? — nossas armas estão caducas, o celeiro apodrecido. Vem-nos então a revolta contra as extorsões do tempo; depois, a desconfiança de que fomos logrados.

E não nos conformamos em reconhecer que na longa prorrogação com que disfarçamos o nosso medo de viver estava a própria realização de nossa vida.

Viver é o mesmo que preparar-se para viver.

HOMEM EM PREPARATIVOS

Ando sempre em preparativos.

Acumulo material, encomendo peças. Junto o necessário. Tomo todas as providências. E trato também da ornamentação. Com isso, vou-me distraindo. Troco coisas e ideias. Alguns me ajudam, servem-se também de mim. E todos assim nos distraímos nesses preparativos.

Mas com que seriedade! Com que paixão!

Nos momentos de intervalo, construímos cidades, casamos, discutimos, entramos na guerra.

Preparamo-nos todos para qualquer coisa que ainda não aconteceu. Há dezenas de anos tem sido assim. Há milhares de anos...

Adoro os detalhes que aliviam o peso do conjunto. O que me atrapalha, porém, não é tanto o tempo perdido na escolha do material — isso até me preenche as horas —, o que me atrapalha é a rapidez com que as coisas se deterioram.

Às vezes recebo intimações para acabar depressa. Mas desconfio e faço cera. Acabar depressa, o quê?

Saio então a ver se encontro qualquer coisa que seja bem difícil de achar — acontecimento ou mulher.

Meu medo é a interrupção dessa busca por colapso de entusiasmo ou pela aparição fácil do objeto.

Procuro sempre... Procuro sem remitência. Invento novas dificuldades.

Adoro os obstáculos...

Vivo assim amontoando, renovando, corrigindo, experimentando, caindo e me aprumando.

Assim não chegará jamais o dia da minha inauguração. Pois o meu pavor é a viagem concluída, a coisa acabada...

O meu pavor é a estátua de pedra, o feixe de ossos gelando na chuva ou debaixo da terra.

...enquanto vocês aí fora continuam procurando, procurando...

Não. Nunca serei inaugurado.

SE...

Se a vida tal como está não vale a pena; se pode ser mudada e já não esconde a sua necessidade de ser outra — que o teu canto, poeta, lançado ao mundo, sirva de fermento a preparar-lhe a transformação e nunca de cimento a consolidar-lhe os erros.

❖

Os que não acumulam
E são os mais ricos
Os que ignoram o espelho
E são os mais belos
Os que não choram e são tristes
Os que não dançam e são alegres
Os que são fortes e nem se lembram
Os que mais parecem irmãos
Das águas, bichos, árvores e pedras...

O SALDO DA NOITE

A cama ainda persistia meio irreal, mas era agora como uma ponte sem margens para ligar. Porque o sono interrom-

pido já estancara a corrente do sonho. A cama perdera os últimos vestígios da constelação destituída. Só muito depois, quando as águas baixaram, é que foi aparecendo o contorno do travesseiro, os lençóis — sinais indiscutíveis da realidade usual.

E das dimensões ilimitadas de há pouco, sobrou aquele mesquinho espaço, zona restrita do linho.

LADEIRA DAS INTERROGAÇÕES

Um homem da cidade grande subia a ladeira de uma cidade morta.

Em cada veneziana um vulto o interpelava.

1º vulto: — Dize-me se o apito de tuas fábricas vale o som de nossos sinos.

2º vulto: — Por que passas tanto pela nossa ladeira? Enjoaste de tuas avenidas?

3º vulto: — Eu sou moça e guardo para um só o meu tesouro. Por que o teu filho não me vem buscar?

4º vulto: — Que se passa em tua cidade? Eu ligo o rádio para as suas emissoras e parece que escuto Babilônia!...

5º vulto: — Amor aqui é fervor e espera. E lá? Só aflição e crime?

6º vulto: — No quarto, no catre mesmo em que dormimos, gemeram nossas mães para nos darem à luz. E gemeram as mães de nossas mães... Sabes dizer se é hoje fábrica ou arranha-céu o que se ergueu no lugar da casinha em que te criaram?

7º vulto: — Nós aqui bebemos água ao som da própria fonte. E vocês, lá?

8º *vulto*: — Por que tanto espias? De nós dois, qual o monstro?

9º *vulto*: — Turista, vai-te embora!...

APARIÇÕES

— *Moça fugindo a cavalo?*
— *Não. Trecho de nuvem sobre águas esquecidas...*
— *Pedras de ruína com voz de gente?*
— *Não. Corpos correndo atrás de improvável vestido.*
— *Roda perdida?*
— *Oh! cabeça rolando...*
— *Rainha fugindo ao trono?*
— *Navio entrando no porto...*
— *Cassino submerso?*
— *Berçário ao relento...*
— *Planície apagada?*
— *Espaço vazio... matriz do vento...*

Colapsos de orgulho, vertigens de humildade. Há quem se amedronte e há quem se conserve irônico ante a projeção do próprio nome. — "A quem estarei roubando ou ferindo com minha incômoda ascensão? Que soma de equívocos e conjunção de circunstâncias fizeram de mim centro momentâneo de atenções? Onde estarão sofrendo o prejudicado e o invejoso para que eu os console, me desculpe e me junte a eles? Para que lhes diga que nada disso vale nada. E lhes ensine a rir de si mesmos e, juntamente com eles, de minha projeção desproporcionada?"

A PROCURA

Há alguém ou qualquer coisa em mim vista pelos outros e que não chego a perceber.

Sobretudo, quando me festejam. Às vezes me fazem maior. E isso me tira o equilíbrio.

Outras vezes, sou totalmente inventado sem que o saiba. Saio então à minha procura.

Como não encontro nada, corro a mostrar o equívoco. Dou as razões, exponho a minha fraqueza, o meu vazio.

Mas ninguém aceita a desculpa: alegam todos que é por humildade, que a humildade não faz senão me tornar maior. Aí, o equívoco ainda é mais grave. Começam a ver auréola em mim. Os quiromantes pedem-me a linha do sol, os astrólogos a hora e data do nascimento.

Que fazer? Não me deixam em paz!

Desde manhã já acordo com horror de ser o que eles pensam.

Se, devido à evidência dos meus despojamentos, consigo por algum tempo o estado de coisa nula, de criatura apagada e esquecida — não dura muito o bem-estar: vão logo buscar-me ao meu buraco.

E quanto mais desminto, maior a romaria.

Querem alívio, querem a fórmula, querem a verdade!

Até as mulheres encostam a boca aos meus ouvidos para confessar desgraças. Pedem-me consolo, eu também peço, nós nos abraçamos, mas os outros se aproximam e acham que não é decente.

Não se pode nem sair nesta cidade. Os aflitos avançam, os indigentes estendem as mãos.

Volto a esconder-me no meu antigo buraco. Mas logo uma fila enorme se forma à entrada.

Ultimamente, tem sido verdadeira romaria.

Inútil a placa com os dizeres: "Saí. Eu também procuro." Inútil.

Ninguém se persuade, a fila nem se move.

Às vezes me arrancam lá do fundo. Agarram-me, percutem-me, viram-me para os lados, obrigando-me a arregalar os olhos, a dizer alguma coisa, a pronunciar huhmplfst. *Eu pronuncio* huhmplfst, *e eles se exaltam ainda mais, dão urros, tiram-me pedaços da roupa, como se eu fora um monstro, um santo.*

E põem-se a dançar, tocando os seus tambores.

Oh! com certeza mataram o seu deus e estão sedentos de outro.

Estou nu. Agora vai ser fácil esconder-me nas últimas ramificações do meu subterrâneo...

OS PERSONAGENS

Era um tipo engraçado e maldizente, um *virtuose* da malícia. Apenas lhe faltava a dignidade do revoltado.

De muito buscar um princípio a que se agarre a fim de poder resistir ao tempo — vive o homem com a impressão de que está adiando sempre a sua Vida.

Vício adquirido ou necessidade fundamental, o que no fundo ele reclama é a sua ração de eternidade. Enquanto isso, o tempo cobra os seus direitos e prossegue em seu trabalho de destruição. Já nas imediações da morte, exclama o homem: "Mas que é que fiz em tão longos anos senão esperar?"

Nessa hora o tempo-calendário apresenta-lhe o mesquinho saldo do que esse homem fez e do que lhe aconteceu durante a espera, o que passa a valer *como sendo a sua vida*.

O valor da bondade daquele homem estava também na proporção do mal que ele podia fazer e a que se recusava. Quebrou as próprias armas ante os que o desafiaram; desprezou os códigos de honra por um princípio que os transcendia.

Será que os santos atingem o cume da ferocidade... às avessas?

OS PERSONAGENS

O temor de que a sociedade possa um dia transformar-se fundamentalmente: eu tenho defeitos próprios para vencer nesta.

A reverência aos "novos" e uma homenagem à esperança, quase sempre decepcionada, do que possam eles vir a ser no futuro.

Abjuraste as concepções conformistas e a velha retórica, portadora de mentiras. Cautela higiênica. Mas deixaste que os teus impulsos de protesto e tua constante recusa se transformassem em exercício vão de revolta.

Na verdade, aos teus desejos mais puros a vida não correspondeu. E se, nas intermitências de solidão e fome, saías à rua, era para te atordoares com a festa, e fazer do baixo erotismo o teu banho de lama terapêutico. E porque te descomediste mais que os outros na abjeção e na embriaguez, cedo te desiludiste do fácil recurso.

Eis que da energia consumida nada te sobra. E já agora nem podes pressentir as primeiras estrelas no céu límpido do mundo que sonhavas — preso como te achas entre os íntimos escombros daquele que em ti se destruiu.

A ORDENANÇA DA VITÓRIA

Disse-me, pedindo segredo, que é sempre o primeiro a entusiasmar-se pelos vitoriosos do dia; e que, por mais que se domine, sente invencível desprezo pelos vencidos. Não sabe explicar por quê...

Interrogado sobre o seu comportamento no caso de o vencido voltar a triunfar, respondeu que não se aperta: entusiasma-se de novo. E ainda com maior espontaneidade...

Também não sabe explicar por quê...

— Ih!... Difícil... difícil!
— O quê?
— Nada.

Cada nova geração literária furta às anteriores o necessário para conquistar o direito de declará-las pobres ou mortas. Mas é preciso que o faça sem perda de tempo, uma vez que outras gerações ainda mais novas estão sempre à volta, sedentas, prontas também a expropriá-la.

Que há com a maioria dos poetas que tanto fogem da vida acobertando-se com as palavras? Que há com a vida que tanto assusta a esses poetas?

Retira do teu poema as estridências do grito, se queres que ele tenha mais alcance e ressonância.

Os "poderosos" devem sentir-se diminuídos, quando os invade a vontade de dormir — hora do sono igualitário.

Ao transfundir-se em criação artística, o estado privilegiado de poesia logo se desliga de suas fontes subterrâneas e começa a perder em substância. Dia virá em que esse estado passará de excepcional a permanente.

Criar é transferir às palavras (formas, cores ou sons) a função de fixar com o mínimo de perda um dos "tempos" desse fluxo fugitivo.

Não te embales muito na miragem do *longe* e do *depois*, a fim de não perderes o que arde invisível no *perto* e sopra em silêncio no *agora*.

CONFEDERAÇÃO DOS ANÕES

Síntese dos Estatutos: "Enfim, nenhum esforço para melhorar, nenhum impulso para a frente e para cima. Unifiquemo-nos na baixeza. Todos de rastros, ao nível dos excrementos!"

Os ornatos da fonte não melhoram o teor da água captada. Apenas dão mais sabor ao ato de tomá-la.

SE...

Se queres penetrar intimamente na alma de uma cidade, evita-lhe os homens importantes, e pergunta a qualquer transeunte de suas ruas: "Quais os desconhecidos mais interessantes deste lugar?"

SE...

Se tiveres de deixar uma cidade onde tudo te pareceu diferente e maravilhoso, aconselho-te a não voltar. À segunda visita, é possível que ela te surja ainda sob a transfiguração poética da primeira. Na terceira, fugirá definitivamente da luz subjetiva de teus olhos para a aborrecida semelhança com as demais.

Das casas, árvores e caminhos retiraram-se as sombras, calaram-se as vozes. À força de um grande sol, o dia cresceu.
Ninguém passando, nada acontecendo. Resta a extensão parada, amorfa; um ou outro inseto a responder pelo mundo animal; e um sol a arder sozinho, como nos cemitérios.
Fechemos os olhos até que o sol comece a declinar. Até que a alma doce do Universo recomece a exalar-se do âmago das coisas adormecidas.

O melhor livro é aquele que, violentando a sensibilidade e os hábitos mentais do leitor, perturba-lhe por algum tempo o equilíbrio interno e o restabelece depois em plano e clima diferentes.

Não me interessam as regras desse jogo; interessa-me mudar de jogo.

A chama do pavio tanto depende do azeite que a alimenta quanto do vento que pode apagá-la.

Aproximação dos polos mortíferos por um movimento contínuo de avanços e recuos. Perigoso divertimento, tauromaquia abstrata dos desesperados...

Cada um de nós é afetuosamente desconhecido pela maioria dos amigos e parentes.

EM VEZ DE...

Ela disse, mostrando-me aos outros, que o esperado era bem diferente do que tinha aparecido...

Que me concebera enquanto suas mãos bordavam.

Que entre flores e anjos do linho tecera, sem o querer, a figura sonhada.

Disse, mais, que muito antes do primeiro grito já o silêncio corria por minha conta.

Que em seu ventre eu era um núcleo de claridade.

Que em toda a paisagem se lia a anunciação do nascituro.

Que atrás da colina uma fonte só faltava dizer o meu nome.
Mas que, em vez do esperado, nascera eu...
Viu-se então que eu era o outro.
E todos choraram na decepção do primeiro instante...
(...deslocamento de astro no signo do zodíaco... coisas do
vento... confusão da entrega...)

As coisas ardentemente esperadas chegam-nos frias.

OS PERSONAGENS

Era uma criatura tão sensível, crédula e exagerada, que a mais desprezível carta anônima assumia para ela as proporções de um coro grego.

OS PERSONAGENS

A moça, de tão magra e irreal, chegava às vezes a esvair-se. Quando pressentia qualquer ameaça próxima, corria à rua para se oferecer aos reflexos e verificar se sua presença ainda repercutia.

Mirando-se certa vez diante de um espelho opaco, perdeu a respiração. E quase ia morrendo sufocada.

O MAIS ANTIGO COLÓQUIO

Ele: — Dize-me o que se passa agora em minha vida que já nem me lembro mais do tempo anterior ao nosso abraço.

Ela: — E eu?... Nem sei como pude existir antes de te encontrar!...

Ele: — Só agora estamos nascendo...

Ela: — E já mortos de amor...

Os dois: — ...morrendo de amor!

(Em qualquer língua, em todas as praias, esquinas e vales do mundo.)

Os filósofos vão buscar as coisas à luz de um foco fixo. Aos poetas elas chegam de todos os pontos, iluminadas pela própria irradiação.

Não maldigas a vida em geral em nome da tua, contrafação da que sonhavas. Trata de pôr na escala da terra os teus sonhos, e em termos de sonho a tua vida.

Mesmo a caminho da forca se deve apreciar o passeio.

Instantânea mas aguda ofensiva do Nada. Colhido de surpresa, resisto como posso. Não encontro minhas armas. Nem a natureza e suas ofertas matinais; nem a música, nem o calor familiar. Nem o sortilégio da presença amada.

Evitar, no momento, a aproximação de algum alegre alvar (não seria convincente e viria agravar o mal). Evitar a todo transe os estúpidos. Medo de encontrar com algum avulso que nos faça maiores do que somos (vai desencantar-se ante a nossa face de miséria); receio de topar alguém que nos veja menores do que nos supomos (vai regozijar-se com a prova).

Talvez eficaz um encontro com os humildes. Mas eles não têm hora marcada. E são anônimos.

Talvez conversar e beber com amigos. Conversa inconsequente, fácil, cordial. Simplesmente conversar...

...Até que passem os horríveis arautos do Vazio.

Tudo era dado como perdido e ia terminar sem glória. Mas o espírito da vida acudiu a tempo, e soprou novas sementes no campo de cinzas...

O VERBO NO INFINITO

Não se apoderar daquilo que se descobre. Nem esconder. Mostrar aos outros. Passar adiante...

O poeta e a sua moral de pássaro com cheiro de ninho... a sua alegria de sol ao amanhecer...

Não seja o orgulho que te separe dos outros. Nem a diferença, fácil de ser abolida. *Eles* não são menores, estão apenas esquecidos do que poderiam ser. Não te ponhas a reprová-los nem a aplaudi-los. Nunca negues porém os teus fecundantes às suas raízes definhadas. E persevera no teu exemplo até a evidência final.

O VERBO NO INFINITO

Elevar a temperatura do espírito ao nível de fusão dos resíduos calcificados; purificar os sentidos até que o Universo se deixe surpreender em seu estado de virgindade original; dilatar as fronteiras de nosso espaço interior, não por ocupação colonizadora, mas excitando ao voo os pássaros nele adormecidos; aquiescer ao apelo numeroso das coisas; promover à condição de árvore o que dentro de nós se esfria em pedra, e à condição de vento o que se esgalha em árvore: ritos preparatórios, íntimas providências, preliminares silenciosas à chegada da Poesia.

A CADA QUAL SUA VIA LÁCTEA

Foi uma véspera sombria, oh! dolorosa.
Não porque de tudo me houvessem despojado, mas pelo peso do vazio na alma, peso de montanha.
E tanto mais pungente era a dor, quanto ela mesma não sabia mais onde doer.

A única coisa a fazer era sair à procura de meus compro-
vantes. "Pelo menos — eu disse —, deve restar um pouco do
que fui nas imagens esparsas."

À rua, minhas pernas!

Se grito agora por esses labirintos e me reflito em tantos
muros e calçadas, é para que os ecos e reflexos me devolvam a
lembrança da estrutura perdida.

Ah! por que fui abolido das imagens?

Não reclamo mais que os meus direitos.

A cada um sua via láctea.

Riem-se os velhos das ilusões da mocidade. Riem-se os
moços do riso dos velhos.

O VERBO NO INFINITO

Nada perder. Não se perder em nada. Mergulho, mas não
residência no âmago das coisas. Tal o nadador que se deixa
levar pelas águas: com a certeza de que pode vir à tona reto-
mar respiração e repetir a aventura.

O VERBO NO INFINITO

Partir para a dimensão universal, mas levando no bico ou
nas patas o grão de terra com que alimentar o voo.

AMOR "PELO RUMO"

Tal como aquele padre do Norte que casava de longe "pelo rumo", como ele dizia, porque a distância e a urgência dos amantes não lhe permitiam chegar a tempo — eu me volto neste momento para a tua direção, e te dou por abraçada, até que o encontro real de nossos lábios junte num êxtase indivisível os nossos frêmitos separados.

Todos os navios em todos os mares mal conseguem sustentar o peso da noite que cai sobre as águas.

No alto da vida é que se nos tornam visíveis as coisas mais antigas e obscuras do mundo.

Tempo da chamada geral, da grande verificação.

Daí por diante, começa o processo da fusão com os seres e as coisas, a aquiescência ao Universal.

A DIREÇÃO DO VENTO

Vaias, assaltos e injustiças ao longo de teu caminho — polo do amor! E muita amargura. E o quase desespero. Entretanto, por mais flagelados que sejamos, é sempre para o teu lado que insistem os movimentos fundamentais do nosso ser.

O DIREITO AO DIA SEGUINTE

Se durante o repouso de cada noite não se erguer a barragem contra a véspera infeliz, é porque o sono foi defeituoso.

A noite profundamente dormida reinocenta as criaturas e corta-lhes a ponte com o passado imediato.

Neguemos às imagens molestas de ontem o privilégio de serem as primeiras a nos assaltar pela madrugada. É uma usurpação ao nosso direito de esquecer.

EM CIMA DA HORA

Vida, que boa peça me pregaste!

Agora que a Morte já anda pastando pelas imediações, é que chegas com os primeiros presentes.

Ó atrasada risonha, traze de uma vez o resto. E afasta a Indesejável.

Calmos gigantes de jacarandá substituídos por pigmeus de matéria plástica, frenéticos — ó bomba atômica!

OS PERSONAGENS

Vi aquela orgulhosa e esplêndida criatura subitamente emurchecida pela traição do amado. Seu mal foi ter assumido contra si mesma o desprezo do infiel a quem acompanhava em tudo.

Quer agora ser verme, quer ser santa, vento, cisco, pedra...
quer morrer... não sabe bem o que quer.

O sol não mais aquece o mel de seus olhos. E ela se rasga
toda com as unhas, até se deter, assustada, ante o sangue que
lhe mina do corpo, terra provisória de ninguém...

REZA DE MALANDRO

"Eu queria que Deus me desse férias
Ao menos uma vez por semana
Que não se preocupasse comigo
Pois se esquecendo de mim
Ao menos uma vez por semana
Eu fico fora do seu olho grande
E posso ter por exemplo
Os meus sábados
Só para bobagens
Não contra Ele que jamais
Consentirei seja ofendido
Mas pra eu fazer minhas tolices
Cá a meu modo
Ao menos uma vez por semana
Sem que Ele precise saber ou tomar nota
Pois são tão fúteis
Tão bobas
Tão bobas mesmo
Que só de pensar que Deus toma nota
Perco até o gosto..."

❖

Não se morre mais nos edifícios de apartamentos: *deixa-se de aparecer.*

O tipo clássico de morte com o seu rito religioso e familiar — soluços, flores, roupa preta e reza — vai perdendo as características fúnebres e se reduzindo a frias providências administrativas. O morador anônimo de arranha-céu começa a ser dado como morto quando não se lhe ouvem mais os passos pelos corredores e a sua figura deixa de ser comprimida na cabine do elevador.

Excetuando-se naturalmente o caso de ele se ter atirado do último andar, ou fugido com a cantora de rádio pela porta de serviço...

Qualquer frase de revolta na parede de uma prisão é um dissolvente de suas pedras.

O HOMEM INACABADO

A metade que parecia dele ficou a esperar a outra, que se forjava na cidade dividida.

Não conseguia juntá-las.

E se julgava sem culpa: crescera como planta num cruzamento perigoso: o de sombras e fantasmas que desciam da alta solidão com as correntes contraditórias que sopravam da vida.

O CAVALO DA MADRUGADA

Lá fora o cavalo de cinza espera impaciente debaixo das
árvores.

Cá dentro, vou roendo as barras de ferro, serrando a madeira.

Ó milímetro de azul, luneta do espaço ocluso — já vi a
nobre cabeça emplumada ao vento!

Vi a garupa veloz que a bruma velava.

Serra, minha serrinha,

Serra, serra em surdina

Que o guarda está dormindo

E o cavalo esperando.

Amor lá fora me chama e pela fresta me fala.

Corre, sangue,

Corre mais fluido

Segundo a música do azul e o canto

Do espaço prometido.

Paro e respiro

E vou serrando sem cessar, cortando

Quebrando e me soltando

Do polipeiro anterior,

Cripta de pássaros e borboletas

   calcificadas.

Ó crinas ao sol da madrugada

Cavalo aceso para a partida!

❖

Salvar-se da libertinagem intelectual ainda a tempo de preservar uns restos de simplicidade e pureza. Enxertá-los no comprometido tronco e ajudá-los a brotar e crescer, ao sol da consciência lúcida.

ARMISTÍCIO

"Ordem de cessar o fogo. Recolham-se os feridos. Transformem-se as carabinas em bengala branca de cego. Aos mutilados, como prêmio, seja concedido o direito de pedir esmolas."

SESSENTA ANOS

No que deu a brincadeira!

A VELHICE DE DON JUAN

— Que vais fazer agora de teu corpo encarquilhado?
— O meu arquivo!

DISCURSO PATÉTICO A UM
HOMEM QUE ENVELHECE

Tomas do calendário e verificas a idade.

Alguns fios de cabelo a menos pouco importam. E um dente pode ser trocado.

Mas, e essas descidas frequentes em ti mesmo, esse avizinhar-se de zonas frias, essa aborrecida direção aos ossos?...

Outrora matavas o tempo, agora o tempo te mata.

Já te estão chamando à Confederação dos Tranquilos. Lá gozarás o triste direito de recordar.

Tu te negas porém à imitação das ruínas.

Morreram-te irmãos e companheiros. Tua solidão já está sem margens onde aportares. Mas ainda tens fome de amor. Só que a moça desejada não vem mais...

E como é frio sem ela o banho no rio!

Ó perempção da carne, porta de ascese! — exclamas. Donde a cruel metamorfose? Do mundo ou dos testículos?

Homem, não te preocupes com o sono do caranguejo: cada vez que à tua janela brilha o sol, uma paisagem se inaugura para os outros; cada vez que nasce uma criança em teu quarteirão, um tempo novo começa a correr para alguém.

A bebedeira é um estado pessoal e ineficaz de insurreição.

Odiosa medida a do psiquiatra de plantão aquela noite, mandando interromper com um choque elétrico a vibrante manifestação que a si mesmo se fazia o antigo internado, no momento em que reingressava no pavilhão (— Viva eu! Viva eu! Vivooô!)

Trocar por algumas semanas de duvidosa razão aquele momento de estupenda euforia!

ACEITA UM CAFEZINHO?

Ó estrangeiro, ó peregrino, ó passante de pouca esperança — nada tenho para te dar, também sou pobre e estas terras não são minhas. Mas aceita um cafezinho.

A poeira é muita, e só Deus sabe aonde vão dar esses caminhos. Um cafezinho, eu sei, não resolve o teu destino; nem faz esquecer tua cicatriz.

Mas prova... Bota a trouxa no chão, abanca-te nesta pedra e vai preparando o teu cigarro...

Um minuto apenas, que a água está fervendo e as xícaras já tilintam na bandeja. Vai sair bem coado e quentinho.

Não é nada, não é nada, mas tu vais ver: serão mais alguns quilômetros de boa caminhada... E talvez uma pausa em teu gemido!

Um minutinho, estrangeiro, que teu café já vem cheirando...

Não te empenhes na exclusividade do que descobres. Pertence a todos.

Na superfície das águas ou no azul do céu tuas iniciais não se gravam.

O pensamento mais cruel se deleita na forma feliz com que se exprime.

Requinte de assassino que usa armas de luxo...

Recolhe-te em ti mesmo quantas vezes puderes, fugindo às várias frentes da comédia humana aonde foste levado a figurar. Não desprezes porém os seus espetáculos, por te parecerem vulgares ou vazios. Separa neles o que possa exaltar as razões de tua solidão provisória.

Há que aprender ali. Até mesmo na maneira com que o sentido da grandeza é esquecido pela vulgaridade e tolice dos homens.

ÚLTIMA CARTA DE PERO VAZ

Digo a Vosmecê que no fim da planície
  há um gigante fumegando
Uma viúva sem consolo e um pássaro conversível
Debaixo das árvores
Os suicidas vomitam o retrato da amada
Os bichos roem o código das águas
No caminho do mar as pedras não respondem
Vive-se a combinar a linguagem dos homens
Com os traços imerecidos
Da sombra deles na poeira
Nas grandes linhas adutoras
Passam fora do horário
Invisíveis cavalos

Não é segredo
Que por elas fugiram os principais culpados
Daquele crime ao crepúsculo
De que hei falado a Vosmecê.
Dentre mais coisas que vi
Há que notar
No solstício de verão
Prateleiras de luz se derramando no céu
E na posta-restante
Um ventre de mulher
Com o sobrescrito apagado
São tão compridas as distâncias
Que os cavalos se fundem no horizonte
O horizonte ao jóquei
E o jóquei ao vento
Há um violão escondido na garoa
E uma moça fugindo dentro do violão
Seus brincos são dois ninhos de
    passarinho
Há um foco de generais
Ao pé de uma bananeira
Uma rainha se banhando na cascata
Cifras de um cálculo abandonado
Transformadas em colônia de formigas
Debaixo das areias
Há um cassino-iceberg
Que desce devagar
Para os mares do sul
Há uma nuvem metida em aparelho de gesso
Diversas virgens coloridas gemendo
Sob o cascalho de aluvião
Há um som corrosivo de sino

Atacando os profetas de pedra
Uma planície em disparada
Com os bois fora do prumo
Um sol de metamorfoses
Um rio morrendo de cansaço
E navios de sombra
A navegarem pela floresta
Procurando-se bem
Nota-se ainda
Uma coluna de vapor e pasmo
Que vem subindo há milênios
E há a vida em geral
Que é servida e ninguém quer...

Imagens do mundo, múltiplas e confusas, que se acumulam em torno de nossa passividade vigilante — toda a vida as misturamos e sacudimos, como o cascalho na bateia do garimpeiro, na esperança de que ao fundo fique um pouco de poeira de ouro, essência e prêmio desse tão áspero atritar de coisas impuras.

Mais triste do que o apito longe de um trem que atravessa a noite e não nos leva — viagem perdida — é a música de uma festa distante de que não participamos — alegria roubada. Ou nos aproximamos para dançar também, ou nos afastamos até não mais se ouvir a música, que exaspera em nós uma solidão maior...

Dos tempos de confusão e horrível desordem é bom que o pensamento se aproveite para afastar certas ideias da má companhia em que elas já não podem mais ficar.

O LOCAL EXATO

Não precisas dar sinal. Não há muro nem sombra que esconda a tua evidência. O pressentimento torna vão o trabalho das pupilas. Fica tranquila, que há de cair justamente em teu colo a mais bela rosa, quando eu voltar com o meu cesto de primavera.

A psicose tem o seu grupo de assaltantes mascarados, com sentinelas vigiando o sono da vítima. Mal esta desperta, começam eles a lhe ferir o amor-próprio com agulhas fininhas e submetendo-a a inconfessáveis vexames. Até mesmo a vaidade que o doente vinha destruindo com paciência, os diabinhos mascarados a revalidam para fazê-lo sofrer ainda mais. Às vezes, sob o disfarce desses malfeitores, esconde-se o rosto de pessoas que a vítima supunha amigas...

A FESTA DO CISCO

Antes que o tantã dos últimos foliões entregasse o resto da noite à ablução da madrugada — houve uma festa na pracinha deserta.

As rainhas já se tinham retorcido sobre o asfalto, os bêbados vomitado nos muros.

A praça era um tamborim abandonado.

E como não houvesse ninguém, a brisa se levantou e fez girar tudo o que ficara de confete, poeira e estiradas serpentinas, num movimento macio, e sedoso rumor de coisas...

É quase insuportável, porém retemperante, a aura de friagem que começa a soprar em nosso ser em construção depois que deixamos cair as colunas provisórias que o amparavam.

Aguenta firme, alma jovem. E espera!

Nada mais aflitivo do que um rio seco e uma piscina vazia. Nada que mais relembre a vida que se foi, do que esses dois esqueletos da água.

O GRANDE CLANDESTINO

Eu me distraio muito com a passagem do tempo.

Chego às vezes a dormir. O tempo então aproveita e passa escondido. Mas com que velocidade!

Basta ver o estado das coisas depois que desperto: quase todas fora do lugar, ou desaparecidas; outras, com uma prole imensa; outras ainda, alteradas e irreconhecíveis.

Se durmo de novo e acordo, repete-se o fenômeno.

Sempre pensei que o tempo fizesse tudo às claras. Oh, não! Eu queria convidá-los a assistir ao que ele tem feito comigo. Mas é espetáculo todo íntimo e não disponho de tribunas.

Além do mais, o tempo em pessoa é praticamente invisível, como a ventania. Só se pode apreciar o resultado de seu trabalho, nunca a sua maneira de trabalhar.

O que é preciso é nunca dormir, e ficar vigilante, para obrigá-lo ao menos a disfarçar a evidência de suas metamorfoses.

É de fato penoso deixar de ver as coisas tais como as vimos a primeira vez. O tempo tudo transforma e arrasa, sem nos dar aviso.

Ora, isso entristece. Isso nos deixa intranquilos. A não ser que nos misturemos com ele, façamos dele um aliado.

Aí, sim: destruição e reconstrução se confundem. Sacos e sacos vão se enchendo e esvaziando toda a vida.

Perde-se até a ideia da morte. Então a gente aproveita para erigir sistemas, tomar iniciativas, amar, lutar e cantar.

O tempo fica assim tão escondido dentro de nós, que se tem a impressão de que fugiu para sempre e se esqueceu.

Em verdade, ele não repousa nunca. Nem mesmo nas pirâmides. Nem nos horizontes onde parece pernoitar.

Rói as pedras como o vento, rói os ossos como um cão. O que mais admira é a extrema delicadeza com que pratica essas violências.

Todos falam de sua impassibilidade. Não é bem isso. Tanto assim que aumenta de velocidade, à medida que nos distanciamos de nossas origens. E quase para quando o esperamos na solidão!

Meu mal é sentir-lhe a passagem como a de um animal na noite. Chego quase a tocá-lo. Fico horas à janela vendo-o passar. É um vício.

Oh, como se diverte! Para ele, destruir uma árvore, um
rosto, uma instituição ou uma catedral — tanto faz.

O desagradável é quando de repente se retira de algum
objeto ou de alguém. É claro que prossegue depois. Mas deixa
sempre uma coisa morta...

Franqueza, nessa hora dá um aperto no coração, uma nos-
talgia!...

Contudo, não se deve ligar demasiada importância ao tem-
po. Ele corre de qualquer maneira.

É até possível que não exista.

Seu propósito evidente é envelhecer o mundo.

Mas a resposta do mundo é renascer sempre para o tempo.

Moléculas dentro de um turbilhão sem começo nem fim,
rolamos anônimos ante a indiferença das coisas. De repente, uma delas — pedra, árvore, gesto, inseto, grito, curva de
montanha ou rosto de mulher — qualquer saliência de silêncio — aponta para nós, vem-nos ao encontro e se revela,
ao mesmo tempo que nos revela a nós mesmos. E começa-
mos a ser.

O temporal previsto no boletim da véspera — baixa de
temperatura, rajadas de vento — é hoje dia límpido, teorica-
mente errado mas soberanamente azul...

Assim falharam também as previsões sobre ti, ontem amal-
diçoada... adorável hoje.

MANHÃ DE SOL

A mulher na claridade. O reflexo nas folhas. O pão na boca da criança. A criança correndo para o mar. E o mar se passando para o céu.

Sol violador de sepulturas.

As formas veladas se despem, recusam-se a solidão as coisas mortas.

Tudo, sob a jurisdição do azul!...

Pássaros, é a vossa vez. Alargai com o vento a carta do céu.

E fazei cantar no grande festival a rosa aberta do dia.

A ATIVIDADE DOS HOMENS Nº 2

AH, SOLTA O MEU LUDOVICO!

Certa noite de maus presságios e boletins subversivos, um homem desce numa estação de subúrbio.

Que é que tem afinal descer alguém em qualquer estação de subúrbio, por estranho que pareça ainda nesses lugares o mistério medieval da meia-noite?

Mas aquele homem!... Pássaro impelido pelos temporais, o ar dele — pelo menos na faixa de sombra que lhe cortava o rosto — era de quem vinha à frente de trágicos acontecimentos.

Inquieta-se o tenente de plantão que o vira descer. E põe-se a cismar. Por que a ordem de prontidão? Por que aquele homem? Que estará por acontecer sob este céu tão carregado? Ah, sua noiva a esperá-lo numa varanda tranquila da zona sul!...

O desconhecido corre a uma cabine de telefone, fala e depois desaparece, deixando cair cigarros.

Logo em seguida, chega outro comboio e o mesmo indivíduo, em carne e osso, desce de novo. O moço oficial o acompanha e, perdido em seus pressentimentos, perde-o também de vista. O homem se dissolve na escuridão...

Retorna o oficial à gare, intrigado. Que estarão conspirando na noite de pavores? Subverter o mundo? Salvar o Brasil? E por que não deixar o país como está, o mundo como é? Pelo menos esta noite...

— Ah, minha noiva na varanda!... Horrível amanhecer morto na plataforma...

Novo comboio para rilhando nos freios. Será possível? O mesmo sujeito!... Apenas com o casaco mais puído, a cabeleira desarrumada.

O oficial empunha o seu Colt e o interpela: — Como pudeste descer quase ao mesmo tempo de três trens sucessivos?

O homem se atrapalha. E gaguejando: — Eu perdi meu violão, seu tenente... Eu briguei com a namorada... Eu não tenho nada com o que vai acontecer...

Disse que se chamava Tadeu, mas que era conhecido por Onofre. O oficial pede-lhe os papéis, nos papéis se lê o nome Edgar. Preso, o suspeito é conduzido por uma estrada de lama.

Edgar, Tadeu ou Onofre?

Eis que na escuridão surge uma mulher que se abraça ao desconhecido: — Ah, solta o meu Ludovico!

E arrebatando das mãos do tenente o seu Ludovico, desaparece com ele no meio do capinzal, onde se põem a gemer.

Ouve-se um canhoneio dos lados de Deodoro, enquanto o holofote vasculha a Serra do Mar, tranquila ainda.

Sozinho na escuridão, o oficial dispara o Colt na direção de seu medo. E tropeçando entre sapos e vaga-lumes da Baixada, vai juntar-se a seu Regimento.

VOLTA DO PAI PRÓDIGO

O homem regressara, alquebrado, de longa viagem sem notícia, começo quase de sua perdição.

Subiu a escada. A cama arrumada. O quarto. O cheiro do jasmineiro. E a voz de uma das filhas, embaixo:

— Papai! O telefone...

Qual delas? Todas tinham o timbre parecido...

A ATIVIDADE DOS HOMENS Nº 3

SILÊNCIO NA CONSTRUÇÃO

Na última laje de cimento armado os trabalhadores cantavam a nostalgia da terra ressecada.

De um lado era a cidade grande; de outro, o mar sem jangadas.

O mensageiro subiu e gritou:

— Verdejou, pessoal!

Num átimo os trabalhadores largaram-se das redes, desceram em debandada, acertaram as contas e partiram.

Parada a obra.

Ao dia seguinte, o vigia solitário recolocou a tabuleta: "Precisa-se de operários", enquanto o construtor, de braços cruzados, amaldiçoava a chuva que devia estar caindo no Nordeste...

O espírito só tem uma idade: ou é sempre jovem ou não é espírito.

Tudo mais é arquivo e reminiscência.

ÊH, RITA!

Entre encostas de bananeiras e tapetes de arrozais se passava o principal de minha vida.

Era a minha área de magias. Se os horizontes se contraíssem, como respirar?

Mas eu era assistido por árvores e águas, e não precisava temer os homens que me queriam afogar, pensando que eu ia roubar-lhes o capim.

Minha ideia era outra: sentir às escondidas o chamado do horizonte, o crepitar das luzes na planície.

O corpo crescia devagar, suas formas ainda eram de menino. — Um dia você vira farinha e eu te sopro — foi o que me disse o barbado do moinho.

Eu aceitei a proteção das águas e me salvei por elas.

Desci pela adutora dos coqueiros.

E protegido pelo voo de um passarinho, despejei-me com delícia nas águas do tanque de buritis, onde o banho de Rita iluminava a paisagem.

CANÇÃO E VERDADE

Canção imprescritível, entras em toda parte e moras no coração.
Verdade relativa, tu ficas de fora esperando verificação.

SE...

Se todo o teu corpo não participa do que estás escrevendo, rasga o papel e deixa para amanhã.

Espírito de poesia, quantas vezes interrompes teu canto livre para rir da hipócrita seriedade com que as coisas falsas se armam diante de teu espanto.

SE...

Se, de velho, não podes ir buscar muito longe tua ração de aventura, não te deixes esmagar pelo passado quando vier pesar em teu presente e lançar-te à asfixia.

Não o aceites de corpo maciço. Abre brechas nele, divide-o em fatias. E vai-te servindo delas.

Aprofunda as escavações: cidades, cenas, personagens e gestos mortos reaparecerão mais vivos aos teus olhos, sob as luzes combinadas do tempo em que *foram* e do tempo em que *és*.

NA SACADA BARROCA

Lambe essa cornija, lambe!
Passa tuas mãos pelos beirais, passa!
Raspa o jacarandá, a pedra antiga.
Prepara a infusão de nostalgia e bebe.
Descerão dentro em pouco os antepassados com o gado, o
canavial, as minas. E virá te servir, sorrindo, a negra escrava
púbere.
Eis-te no velho casarão, a procurar as vozes, o linho e o
leito irreversíveis.
A ouvir o sussurro da reza avoenga.
Atento à passagem do Capitão-General.
Tal como te querias, calmo no adro da Matriz. Interdito
ante as inscrições latinas da pedra.
(Ah! os tempos são duros e a Ásia se levanta.)
Eis-te, enfim, sem compromissos na sacada barroca.
Ouvindo a circulação do vazio no murmúrio do chafariz.

O SOBREVIVENTE

Não digo que queiram retirar-me das festas, ou afastar-me
da vida. Isso não! Mas o fato é que, onde quer que apareça (e
apareço sempre que posso) todos só faltam dizer-me com os
olhos: "Será possível? Ainda por aqui, você?!"
Oh, sim: por aqui e em toda parte!
E metido sempre neste meu corpo magro, neutro, sem ida-
de, atrás do qual se pode apreciar o espetáculo deste mundo
sem dar muito na vista.

Aquela noite, detrás da coluna, eu espreitava o momento de dizer a verdade. Mas era preciso gritá-la, e a garganta não dava.

Os pares passavam pulando, cantando. Todos querendo se perder.

Os que liam em meu rosto, ameaçavam: "Não digas nada, hein? Não te metas a perturbar a festa!" Ou então: "Deixa para depois."

Uma mulher triste demais para aquele lugar desligou-se da farândola e, tomada de pressentimentos: "Que há em teu olhar que não me deixa prosseguir?"

Suas lágrimas molhavam-me os ombros, enquanto íamos cantando juntos: "Passai, torrente de inconsequências! Faces luminosas, faces efêmeras, passai!"

Mas ninguém nos escutava.

Os filtros da carne eram fortes, a fonte do prazer brotava das coxas úmidas.

Quando a alergia cedia ao cansaço, eu tentava nova investida.

Mas logo me repeliam: "Vai-te embora, ladrão. Ladrão da alegria!"

Respondi que não era nem alegre nem triste. Tivessem paciência: eu estava com alguém que não sabia aonde ir nem tinha onde ficar; não havia espelho algum que me quisesse refletir; que dos companheiros do meu tempo, não sobrava ninguém. Mas que trazia a verdade comigo.

"Não queremos a verdade, queremos é dançar!", gritavam, apertando suas mulheres.

E ameaçavam: "Ou te expulsamos como profeta, ou ficas como palhaço."

Então fiquei como palhaço.

No que fui favorecido pela bizarra vestimenta que me vem cobrindo há séculos.

Deram-me socos e empurrões alegremente.

E me tornei contemporâneo de toda a sala.

Quando o sol, atrás da montanha, já se anunciara para o combate à lua, no fundo do terraço uma rapariga me prendia aos braços e pedia soluçando: "Conta-me, conta-me aqui, baixinho, a tua verdade."

Estava tão perto a sua boca e era tão quente o seu hálito, que foi de meu dever abraçá-la. Ela então se ergueu, me agarrou com as unhas vermelhas, e atirou-me pela escada abaixo. Inutilmente.

Inutilmente!, repeti. Com as minhas prerrogativas de fantasma, continuei a passear entre aqueles pares que dormiam abraçadinhos, pisando copos quebrados e rolos de serpentina.

E esperava que acordassem para dizer-lhes o que devia.

Mas a mulher gritou tão forte que seu grito apressou o desabrochar do dia.

E eu me desmanchei na claridade...

REUNIÃO

Aquela mundana sexagenária já não se aguenta mais; ao menor aceno teu, virá desfiar-te aos ouvidos a longa história de sua vida e de seus amores.

Se queres fazer uma caridade, escuta-a com paciência. Se não, evita olhar muito para os lados dela.

SE...

Se, para ser e florescer, a planta ainda sem nome tivesse que esperar o batismo da palavra, que seria de nossos campos? No Brasil de botânica subversiva, como designar as coisas do mundo vegetal, se em cada região não muito afastada de outras a mesma flor, a mesma árvore, muda de nome e de costumes, e se outras que se oferecem ao nosso êxtase adotivo irrompem anônimas — filhas "ilegítimas" da terra, do vento e do sol?

A nomenclatura erudita só serve para torná-las mais desconhecidas, e como que lhes arrebata a cor e o cheiro.

Quando pronunciamos a palavra "rosa" ou a palavra "jasmim", reponta-nos logo aos olhos um jasmim ou uma rosa em sua totalidade luminosa e trescalante; mas no que toca a essas flores e plantas ainda sem batismo, é preciso indicá-las num quadro circunstancial: "aquele galho que colhemos à margem do regato em fins de junho"; aquela flor azul de estrias douradas, que uma vez puseste no teu colo, depois da chuva..."

Ó vegetação à margem dos dicionários, êxtase e aflição dos amantes!

Aquele jovem ainda não alcançou a margem neutra donde possa apreciar a si mesmo e ao turbilhão que o envolve. A febre de viver não lhe dá tempo de interrogar o sentido da vida, nem lhe abriu as portas da tristeza. Ele viceja na idade em que as aparências são uma promessa de perpetuidade. E se embriaga entre espessuras existenciais. Seus sofrimentos não têm direito a este nome: — apenas impaciência dos sentidos, incapacidade de orquestrar os impulsos do corpo. Aquele jovem será ainda por algum tempo agreste e puro.

Ó sabedoria dos maduros, irriga a tua aridez nessa fonte de inocência!

ADOLESCÊNCIA

Eu ia descendo a serra e aparentava a maior naturalidade.

Tinha medo de que qualquer fato me expusesse à atenção do grupo, que era um piquenique se dissolvendo. Só eu não dera nenhuma gargalhada entre as árvores, nem exibira minhas cambalhotas.

Era um piquenique se dissolvendo...

Desciam moças e rapazes. Alguns, cantando. Uma moça queria dizer por outras palavras que eu era bobo, o que ainda mais aumentara as mágoas a quem já vinha carregado delas.

Só eu não abraçara nenhuma no fundo da floresta!...

O chão vermelho me atraía, a descida me puxava. Deixei-me levar.

Atrás, um rio parado, rio de limo. O vento agitava-me os cabelos. E veio a vontade terrível de correr.

Parti em disparada, morro abaixo.

Vi as curvas se afundarem no sulco das enxurradas.

Vi o Universo inteiro redemoinhando. Veio-me um frenesi heroico. E então corri como nunca.

Havia muitos anos que eu precisava correr dessa maneira.

Vi a animação das montanhas. Saltei córregos e cercados. Ouvi no vento o cincerro das tropas, o latido dos cães, os sinos e as águas. Eu era leve como o ar, e dava os mais admiráveis saltos que um homem pode dar. Quando voltei o rosto, a Serra estava apinhada.

Minha alegria subia pelas pernas.

De repente, no chapadão, o caminho virou rua: a entrada de uma cidadezinha.

Homens no adro da igreja abriam alas. Passei de boca aberta, sorvendo o espaço. Outro ser triunfante nascera em mim. Das galerias da serra a multidão acenava. Palmas para o homem que corria.

Eu assistia à minha própria corrida. Gente nas árvores, na grama, nos telhados. Senti que a terra era uma pista que não acabava mais. E me esqueci de tudo. Perdi a roupa, o nome, a filiação.

Ah! como era bom! Passaria assim o resto da vida. Nu e feliz de estar ganhando a minha corrida. Ganhando de quem?

Afinal — lanhado de cipós, picado de moscas —, capotei e caí arquejante. E me estendi na campina, onde o sol começou a me morder.

Dentro de mim, o coração repetia a corrida.

E eu cantava, cantava!... Esquecido do piquenique na floresta, e da moça que disse que eu era bobo...

Mais autonomia às tuas esperanças. Impossível marcar lugar e hora para as surpresas. Nunca dá certo.

Receberás aquilo com que já não contas na festa que não esperas.

A tola pretensão de querer convencer os mais jovens de que é apenas sonho e ilusão tudo o que na idade deles não foi outra coisa para nós.

Rimo-nos dos que tomam a vida muito a sério, nunca dos que a levam em brincadeira.

Treme o espírito burguês em seus fundamentos cada vez que se abebera em livros de sintaxe indisciplinada. O conforto cívico da boa linguagem!

Como se a joia mais bem lavrada não pudesse esconder o veneno mais ativo.

O encanto da cidade ainda não se transferiu do panorama urbano à vivência poética de seus habitantes.

É a minha queixa contra o Rio de Janeiro.

PROGRESSO

Contra a montanha, o mamute furioso da escavadeira. Algum tempo depois, cessa tudo. E deslizamos na estrada macia.

Espantosa a rapidez com que, ante a invasão vitoriosa de novas ilusões, se dissipam os efeitos da última decepção...

❖

O pior momento não é o da morte. O pior momento seria se ela, minutos antes de chegar, nos acordasse do sonho da Vida...

A ATIVIDADE DOS HOMENS Nº 4

AS PERNAS DO CAMPEÃO

— Parece que agora vêm vindo — disse a enfermeira.

— São elas, sim. Já posso chorar.

Duas alas abriam o desfile. Eram pernas de centenas de jogadores caminhando em direção ao poente. Ele não sabia distinguir quais as do seu clube.

A marcha era vagarosa, em ritmo de consternação.

No meio — cercado por dirigentes, locutores e cronistas — o delgado esquife de carvalho encimado por uma chuteira crucificada.

"Lá se vai o jogo completo de minhas pernas!

"Atrás... atrás não avisto bem (me levanta um pouco mais, enfermeira... me pega com jeito... me leva para a sacada... agora!)... atrás, a multidão adorável dos torcedores...

"Lá se vai o melhor da minha vida!

"Pernas de avançar e driblar, pernas precisas de passe e escanteio, pernas de chutar às redes... gol!!!

"Ó céus de Maracanã reboantes de palmas e de oh! oh! oh!...

"E eu que já tinha saído da várzea para a Europa, da lama para os salões, do preto para o branco, da preta para a branca!...

"Minhas enxadas de cavar, meu arrimo de família, minha glória!...

"Ai está o Gibão, o Fefé; e o Calu chorando; e o Nonique que me serviu aquele passe genial...

"Olha pra mim, pessoal!... Para o que sobrou de mim, inditoso busto, resto de corpo em cima da sacada...

"Sumiram-se.

"Enfermeirinha, meu bem, liga o rádio para o discurso do cemitério:

— *Que o exemplo destas pernas e pés que ora confiamos à terra, ó esportistas, vos inspire nos campeonatos do futuro, seja na indestrutível muralha da defesa, seja no ímpeto velocíssimo do ataque.*

"Certamente, não pressentiu o chofer que havia um craque debaixo das rodas, nem lhe podia passar pela cabeça que estava esmagando com o seu lotação o mais maravilhoso aparelho de chutar que jamais se viu nas canchas do mundo!... Separadas do tronco, estas pernas representam hoje um símbolo. Símbolo da nossa invencibilidade... símbolo da inexaurível capacidade, que é uma das características da nossa raça, de chutar sempre para a frente e para a vitória."

"Ah, enfermeira, levanta um bocadinho mais a voz do rádio, que já me tremo todo em transe de Maracanã.

— *O dono delas? Para que saber-lhe o nome? Sois vós, somos nós...*

"*Não pertencem a ninguém. São pernas e pés do próprio Brasil!*"

"Essas palavras me comovem! Me abraça agora com mais doçura, me leva para a cama...

"Para quando — responde-me — a subscrição do aparelho ortopédico? Ah, por que apitaram impedimento? Para sempre impedido! Pois também queria ir... nem que fosse de muletas... prestar minhas homenagens, levar flores, ajoe... (ajoelhar-me?!) à sepultura de minhas pernas. A esquerda, principalmente, merecia a placa comemorativa.

"Perna admirável!

"Foi com ela que dei aquele chute fabuloso que decidiu o campeonato do mundo!... Sabe lá o que é isso, enfermeira?"

(Escurece no quarto. E no céu se coloca uma lua decapitada, bola murcha...)

O CARROSSEL

Hoje é feriado em mim
Problemas, não
Nem sombra alguma.
Relaxo os nervos
Respiro fundo
E vou fazendo as trocas:
A paisagem pelo vento
O rochedo pela espuma
Bom dia a todos

A tudo!
Bom dia, Maria
Bom dia, copo
Água
Folha
Pedaço de pão
Bom dia
Bom dia!
Vou abrir meu parque
De diversões
Fazer girar
O carrossel
Correr
Nos cavalos de madeira.

OS PERSONAGENS

Com aquele ar educado e a inteligência imerecida, ele a princípio nos prende a atenção e chega a distrair-nos. Mal, porém, se percebe favorecido pelo interesse dos outros, começa a destilar seus venenos.

Tudo então, inclusive a claridade do dia e o rosto de sua mulher, se transforma em fermento de ódio e promessa de ruína.

É um sujeito perto de quem cada qual se sente esfriar no seu calor humano.

A presença dele faz baixar alguns pontos o valor da vida.

Momento de fazer
Instante de beijar
Não fujas tão depressa
Espera ainda um momento.

SONHO DE UMA NOITE DE FEVEREIRO

Eu ia com Amélia, tendo-me surpreendido ao lado dela num carro que deslizava pela nova alameda de Botafogo, uma das mais agradáveis de se passar, talvez o melhor momento de quem, da zona sul, roda para a cidade. Nosso encontro amoroso já estava combinado no simples olhar que então trocamos. Havia muito não nos víamos, cada um pensando que o outro já não existia mais; daí o nos termos fitado com tamanho espanto e os olhos úmidos de fervor. Estávamos vivos! E íamos ao encontro esperado, já não sabíamos mais há quantos anos.

— Hoje vai ser o melhor dia de minha vida — disse Amélia quase chorando em meus ombros.

— De minha vida também — respondi tomando-lhe a mão que nas minhas senti como pétalas de rosa. Na curva da Amendoeira, de fama sinistra — tantos os desastres que nela ocorriam —, perdemo-nos um do outro. Amélia seguiu na parte do veículo que ia para a cidade, eu fiquei no pedaço que se desprendera. Em vão gritava ela ao chofer que parasse, dando-lhe socos impotentes no rosto. Vi, desesperado, distanciar-se cada vez mais a minha companheira, ficando-me apenas a imagem aflitiva de seu lenço, agitado da janela. Foi quando, ao lado, num palanque que parecia pavilhão improvisado de feira, distingui o meu amigo C., antigo companheiro de praia.

Sem fazer a menor alusão ao desastre que me separara de Amélia, disse que precisava de meus serviços; que ele e um seu amigo ao lado tinham importante negócio em perspectiva: necessitava de uma apresentação minha, "mas com a maior urgência, seu Machado", para um íntimo meu que subira ao governo da República; que eu não reparasse, mas o desastre tinha sido arranjado de propósito por ele e seu cúmplice, pois precisava falar-me de qualquer maneira.

O palanque era cheio de cartazes coloridos e aparelhos telefônicos.

— Veja o que vocês me fizeram — disse eu, indignado. Estragaram o meu encontro com Amélia! E pensar que Amélia só me acontece de longe em longe na vida!...

Saí arrastando-me pelo asfalto, à procura das calças que havia perdido. Meus pés pareciam de chumbo, nunca mais eu acabava de atravessar a alameda. Sentia milhares de carros passando-me por cima das costas. Em verdade não havia nenhum: toda a praia de Botafogo estava vazia, iluminada por uma luz alaranjada e fantasmagórica, imprópria para aquela hora do dia. Alguma catástrofe acontecera. E devia ter sido por ordem do palanque. A muito custo cheguei ao meio-fio do lado oposto, onde havia muitas calças pelo chão, à escolha. Apanhei uma cor de cinza, enfiei-a com dificuldade. Passava então um veículo como jamais se vira igual, o único que surgiu por ali no momento. Era de um modelo especial *para passar ali*... Uma espécie de jipe, mais alto e largo do que o comum, de dois pavimentos, e todo vermelho naquela praia já enrubescida. Pedindo licença, aboletei-me nele. Os passageiros, que pareciam retirantes do Norte, dormiam sob a roupa estendida nos varais, entre crianças tristes, aves, embrulhos e objetos de cozinha. Não fizeram reparo a que eu entrasse; apenas gemeram um pouco. Quando o carro parou mais adiante para se consertar qualquer defeito no motor, olhei para trás e pude ver que algo de muito perigoso estava acontecendo, e produzia aquela luz sobrenatural que envolvia todo o bairro de Botafogo. Homens de luvas e máscaras, trepados em altíssimas escadas de ferro, mexiam nos cabos de aço. Guardavam tamanho silêncio e respeito, que tudo aquilo mais parecia prenúncio de cataclismo. Para que as crianças pudessem se acomodar melhor antes da travessia do túnel, um senhor se levantou e cedeu o lugar. Qual não foi a minha alegria, quando reconheci o meu amigo A. Caí-lhe nos ombros e contei-lhe chorando que mais uma vez me perdera de Amélia, que já não tinha mais esperança de recuperar a minha Amélia!...

Era uma noite em que se berganhavam germes de podridão. O espírito maligno envenenara a atmosfera. Destruímos os melhores amigos, as ideias mais caras. Profanamos a mulher amada. E retiramo-nos, abatidos, muito abaixo de nosso nível, cada um se preparando para uma insônia de remorsos e morcegos.

O fato mais corriqueiro da vida quotidiana — é sempre incompleto para o poeta: só acaba de acontecer depois que se cristaliza em poesia.

OS CÃES LATIAM NA ESPUMA

Eu disse que iria procurar a companheira para voltar com ela antes que o dia acabasse.

O mar escurecia tão depressa que muitas ondas já arrebentavam dentro da noite.

Eu prometi aos amigos que voltaria sem demora para aproveitarmos até ao fim o espírito das águas.

O vento levantava o vestido da companheira e nós íamos velozes, sentados num trenó que os cães invisíveis puxavam na espuma. No alto das ondas uma tristeza nos veio não sei se do passado ou do fundo da memória.

Mas vi que seríamos menos felizes andando devagar.

Então os cães invisíveis correram mais depressa e outra vez, no alto da onda, a alegria voltou.

Os cães latiam sempre na espuma.

Ó noite que desce depressa, ó mar que predomina em tudo, ó vento na saia da companheira, ó doçura!

Eu tinha prometido voltar mais cedo e me deixei levar.

Passaram as águas noturnas. Veio depois a neblina da madrugada.

Os cães continuavam a latir na espuma, e quando raiou o sol eu ainda corria enlaçado à companheira, trocando palavras que não sabemos repetir, que nunca mais ouviremos...

Vida esgotada e caduca, inaceitável vida — contigo soçobra a velha retórica com que te exprimias.

Venha a nova linguagem simples e límpida, mais perto do homem e do seu novo amanhecer no mundo.

A imagem poética, em súbita aparição, já vem com os ritmos orgânicos que a prendem a todo o sistema do Universo.

Uma coisa entre herbário e casa de pássaros, com nascentes de água no branco das páginas, e rumor de concha marinha em cada frase. Uma coisa em polpa de fruta, o sumo escorrendo entre as rachas; que ameace fugir das mãos para mergulhar e voar; que nos destrua à noite e nos ressuscite esquecidos da véspera; que nos faça amanhecer muitas vezes.

Um livro que esteja ventando em cada folha e fazendo sol nas margens. Um livro que suscite no leitor a vontade de fechálo depressa e ir vivê-lo fora de suas páginas.

ALFREDO!

Toda vez que ouvia gritar "Alfredo!" o homem automaticamente respondia "hein?" e erguia-se um pouco na poltrona.

Se acaso o nome ressoava na calçada, abria a porta a indagar quem podia ser. Acreditava-se o único Alfredo no mundo.

Aquela manhã, de uma das sacadas do prédio vizinho, uma mulher chamava:

— Alfredo! Alfredo!

Quem mais senão ele, só ele, tinha o direito de usar tal nome?

E a voz:

— Alfredo!

Todo o seu corpo estremecia, cada vez que aos ouvidos lhe chegava a palavra privativa:

— Alfredo!

O som repercutia na área de cimento, como em câmara de eco.

— Alfredo!

Teria mesmo que responder. Já não resistia mais ao crescendo aflitivo do apelo. Cabia-lhe afinal esse direito: eram sílabas de seu nome... E a voz, cada vez mais ansiada:

— Alfredo! Alfredo!

Achegou-se à janela, acudiu com doçura:

— Hein?

A mulher silenciou. Tivera enfim uma resposta. Resposta de um desconhecido, mas sempre uma resposta. Alguém lhe atendera ao chamado, dera-lhe trégua ao desespero.

Um Alfredo também...

Perturbada, quase chorando, a mulher fitou o desconhecido. Olharam-se longamente.

— Vem, suplicou-lhe ela baixinho. Sobe!

Antes de mexermos numa torneira já pressentimos se vai ou não jorrar água. Também de uma boca fechada podemos prever se ela vai ou não se abrir sorrindo.

O ANTISSOMBRA

Quando entrou, viu que todos pareciam amarrados ainda à falsa gravidade de que se libertara. Desmanchá-la com uma gargalhada seria simples, mas ofensivo ao enfatuamento do grupo. Estava em moda ali a angústia. Compreendeu então que era demais entre os taciturnos. Largou-os depressa e saiu a procurar, mais adiante, a pista favorável onde pudesse correr e expandir sua alegria.

Há indivíduos, anônimos e obscuros, que nos surpreendem pela sua grandeza quando os tratamos de perto. Outros, que só nos parecem grandes quando vistos de muito longe: o contrário das estrelas.

OS PERSONAGENS

MACÁRIO

— Mas que há contigo? Estás tão esquisito hoje, Antônio.
— Nada... Ou melhor, algo de importantíssimo.
— ?!
— Só te peço uma coisa: esqueceres tudo o que sabes de mim. Meu passado ficou sem efeito...
— Como?
— Trata-se do seguinte: eu não sou mais eu!... Revoguei-me a mim mesmo.
— Queres dizer que de hoje em diante...
— ...passo a ser outro, pois, não? Aliás, já passei. Meu nome agora é Macário. Até logo.
— Então, até logo... Macário.

Há burrices que, de tão humildes, chegam a ser pureza e têm algo de franciscano. Outras há, porém, tão vigorosas e entusiásticas, que conseguem imobilizar por completo o nosso espírito para a contemplação do espetáculo.

Ideias ousadas e originais tiram o sono às que dormem perto.

Os transeuntes tomam um pouco da cor moral da rua ou praça que atravessam. Tu que sobes a Rua Gonçalves Dias não és o mesmo que paras na Cinelândia ou vagueias pela Lapa.

Há no espírito uma zona de silêncio que funciona longe e à revelia da nossa atividade imediata.
Se não a frequentas e cultivas, vira cripta mortuária.
Inútil então esperar dela qualquer socorro.

EU FICO

Dezoito anos tínhamos. Isabela estava presente, a escada era de pedra.

Do alto da mansarda abria-se a lucarna para a cidade que escurecia.

Éramos alguns a ouvir-te.

E como faltasse sol ao parque, e fosse triste o rosto de Isabela, por um momento me dobrei à tua dialética de morte.

Outros logo se convenceram, e entre soluços falavam também em partir. O orgulho de tua eloquência abrandava tua fome de morrer.

Teu rosto se anuviava na poeira de teogonias destroçadas. E quando, lendo nos meus olhos, mais certo estavas de teu triunfo, respondi que não te seguia.

Senti teu espanto; depois, teu nojo.

Insistias em que tudo era vazio. Respondi que tudo era virgem, à espera do amor.

Ias atirar fora a vida, eu guardava a minha para ser tentada.

— Eu fico, repeti. Inseto, poeira, ou limalha de gente, em qualquer dorso de folha ou frincha de madeira — eu fico!

Riscarei as letras de meu nome, deixarei cair as escamas do meu ser, mas fico!

— Nada mais a esperar deste lado — disseste.

— Tudo será aqui mesmo — respondi.

Ainda me resta a vida, pensei — reino de possíveis, matriz de inocência, núcleo de proliferações.

Pisado, sujo, faminto — eu fico, roendo embora o osso da vida.

E fiquei...

A ATIVIDADE DOS HOMENS
Nº 5

O SEGREDO

O mensageiro chegara no instante mesmo em que a cabeça se aninhava no fundo do cesto.

Não correra tanto para salvar um homem, senão para ganhar a corrida, em aposta consigo mesmo.

Mas eis que, ao esbarrar com o quadro, sua piedade explode numa onda de horror. Não fossem o enguiço do jipe e a travessia lenta da cerração, estaria a vítima a estas horas numa de suas situações preferidas: pescando no rio ou adormecida nos braços de sua doce Leonídia.

O mensageiro queda-se, pasmado. Ó fria e infame engrenagem! Por que anteciparam de alguns minutos a execução?

Em tudo agora, o ar de tragédia consumada. Que pressa a dos homens de se desembaraçarem de um homem!

Pobre vítima. Só porque sabia o segredo, só porque sabia o segredo!... O segredo, fonte de insônia do Ministério.

Guardava-o a sete chaves. O pobre cordeirinho. Guardava o que soubera por acaso, o que jamais quisera vissem os seus olhos. Mas o Ministério temia a revelação. O próprio Domingos Farina tinha horror a esse segredo — semente de morte caída em seu destino.

"Hei de esquecê-lo. Devo, quero e preciso esquecê-lo", repetia. Ingênua técnica de exorcizar uma presença maldita...

E passeava, trabalhava, dormia. Esquecia os embrulhos, esquecia o troco, esquecia os números, os nomes. Esquecia a companheira, o passado. Exercitava a mais não poder a faculdade de esquecer. Mas só se lembrava do que não queria. Era até pior: isolado, o segredo ficava mais vivo. Como lâmpada elétrica quando as demais se apagam.

Ia à praia, molhava-se no mar com o segredo. Bebia, o segredo borbulhava na espuma do copo. Mas se vomitava, o segredo ficava.

Viajou para longe. O segredo confessando-se na cadência da locomotiva, no passo do cavalo...

— Mas eu preciso esquecê-lo, preciso.

Que vira o fato abominável, a coisa vergonhosa, oh! não havia dúvida! Se adivinhasse, teria fechado os olhos. Mas seus olhos viram. Por acaso, mas viram... Não contaria a ninguém. Nem a si mesmo. Era coisa dos olhos...

Um segredo enorme, palpitante, segredo em crescimento. Os que fitavam Farina pareciam dizer: "Qualquer coisa exalam teus olhos, está saindo de tua boca, escorrendo-te das unhas. O que é que há contigo? Fala, homem!"

Ora, o governo precisava justamente de tranquilidade para realizar um grandioso plano. Como, porém, tomar qualquer iniciativa, impor-se ao povo, se havia um sujeito, um zé-ninguém, com um segredo capaz de desmoralizar e fazer cair o Ministério? Se havia no mundo um tal Domingos Farina, um irresponsável, a passear pelas ruas com tamanho segredo na cabeça, com uma bomba de relógio no bolso?!...

E Farina sempre: "Eu quero esquecer... Sei que há coisas que matam a quem as descobre. Meu segredo é amar a vida sem mais complicações. Meu segredo é pescar... bater um papo nos cafés, gostar da Leonídia. Coisas assim são os meus segredos..."

E cheio de sombrio pressentimento deixou a cidade, viajou para mais longe.

Mas o segredo, hóspede macabro, instalara-se nele para sempre.

Fácil fora às autoridades forjar um processo regular perante a justiça, de forma a que, mediante condenação regular, se pudesse separar do tronco do inocente a respectiva cabeça, portadora e sede do segredo. Incumbiram-se os vespertinos da preparação psicológica, apontando o traidor à execração pública. Do fichário dos piores criminosos fez-se uma antologia. Essa antologia, ilustrada com lindas fotografias de Farina, foi-lhe oferecida como sendo o resumo de sua vida pregressa. Deram-lhe entorpecentes; quando estava quase a cabecear de sono, convenceram-no de que, assinado aquilo, a paz lhe seria concedida e nunca mais o incomodariam.

Farina assinou e dormiu. Veio a condenação. A guilhotina funcionou com aparato. Era uma máquina do último tipo, fabricação norte-americana, de forma esquisita, entre moinho de vento e girafa.

Tudo seria perfeito se não fosse a presença daquele mensageiro a exibir com ênfase o documento expedido à última hora pelo Tribunal.

"Impossível agora recolocar a cabeça no tronco", pensou o mensageiro, entristecido. Mas não foi impossível sair gritando: "Domingos Farina, um inocente! Sentença reformada!", como andou fazendo pelas ruas da cidade.

Louco, esse rapaz... Pois não via que a justiça nunca falha! E que, apesar de seus incontestáveis progressos, não poderia a cirurgia devolver a cabeça de Farina ao respectivo tronco?

Era mais que natural a urgência do governo em eliminar o guardião de tão incômodo e terrível segredo. Precisamente para evitar o que aconteceu: uma sentença de última hora reformando a primeira.

Assim procedendo, esses juízes enfraquecem o poder público, justamente quando o serviço de propaganda, de todos os pontos de vista impecável, inculcava esse poder como emanação da providência divina; justamente depois que o Parlamento conferira poderes ilimitados e eternos ao chefe querido.

Lá estava o mensageiro, magricela emotivo, a fazer escândalo. Alucinado com certeza pela visão da cabeça de Farina em sua passagem meteórica entre as lâminas da guilhotina e o cesto de repouso. Dir-se-ia que tombara mais depressa sob o peso do segredo. Alguns, à boca pequena, rosnavam a sua reprovação.

Que dirão os inimigos da ordem — alegavam os mentores do governo — quando souberem que o tribunal se retratou? Isso não fazia senão ameaçar a estabilidade do regime, além de prejudicar o câmbio e a colheita regular dos dividendos. E ainda por cima, do ponto de vista formal, as provas que o governo enviara aos juízes eram indiscutíveis, embora falsas.

"Se a guilhotina, ao ser inaugurada, e com as suas lâminas até então virgens, dividiu irrecorrivelmente a Domingos Farina em duas partes, é porque o guilhotinado se tornou culpado. Daí não há fugir", argumentava a nota do Ministério de Informações. E concluía: "Nem é concebível que se possa estrear com um erro judicial a mais aperfeiçoada guilhotina do mundo."

Erraram os juízes? Pior para eles, não para Domingos que não pode mais reclamar — cabeça lívida e solta que nem o beijo da amante fará mais estremecer.

E para que nada transparecesse, e fossem considerados perfeitos o processo e a condenação, as autoridades declararam traidores da Pátria a todos os membros do Tribunal. Nunca mais se escolheriam para a composição de uma alta Corte de Justiça — Corte que se presume infalível — homens cuja ingenuidade e falta de realismo fossem incômodas aos interesses da Nação.

Algum tempo depois, no começo de um outono cinzento, recolhia o cesto, seguidamente, nove cabeças, das quais sete brancas e duas calvas. Tanto vale dizer: um tribunal inteiro. Aliás, dez cabeças: pois o mensageiro pôs-se a falar demais e teve o mesmo fim.

Houve estupor unânime do povo. Da Capital às províncias não se fazia senão olhar com respeito maior para a efígie sorridente do chefe querido, exibida agora em milhares de paredes.

As viúvas receberam os óculos e demais pertences. E fora pungente a cena, oh! pungentíssima. Através dos óculos, sentiam as doces velhinhas a presença de seus maridos com os olhos míopes voltados até alta noite sobre os autos, a consultar tratados, a examinar provas e documentos. Lendo, esmiuçando, confrontando. Procurando sempre a *Verdade!*...

TOPOGRAFIA DA INSÔNIA

O pior não é ficar sem dormir; é permanecer todo o tempo deitado, a poucos centímetros do nível do sono.

Quando chegamos a perceber que são as mesmas coisas que se repetem, fingindo de novas — já a insônia está lavrando pelos pontos mais protegidos e em toda a extensão de nosso ser.

Estava convencido, ao deitar-me, de que levava à cama um personagem de certa importância. Se me vissem agora!

Se descobrissem a desmoralização que reina dentro de mim!...

Quando se chega ao cansaço absoluto, já não se tem mais força para pegar no sono — já não há nada para dormir.

A insônia é indivisível: se dormimos um pouco, um minuto que seja, não haverá mais insônia e o dragão estará vencido. O que se seguir, então, será simples perda de sono.

Atiro fora os inimigos, os desejos, o orgulho, os escrúpulos, as imagens tristes, o excesso de roupas; tudo que pesa, atiro fora. Fecho os olhos como quem dá as costas ao mundo. Fico imóvel e finjo-me de morto, à espera de que o sono passe e me leve na Ambulância da Noite.

Parece que dormi. Parece. Mas foi um sono falso, de imitação: a prova é que tudo que existe de pior no estado de vigília aproveitou também a Ambulância da Noite e embarcou comigo.

Não se pode dormir em mim com esta barulheira.

Quem tiver de comparecer perante a Noite para reclamar o sono a que se julga com direito, deve apresentar-se inteiramente vestido de capa preta.

O conflito entre os que dormem bem e os que querem dormir alguma coisa: uma das causas atuais da insônia universal.

A falta de interesse, a mesquinharia, as proporções liliputianas de tudo o que está acontecendo e desfilando na cabeça, sobretudo na parte da frente, que dá para o mundo... Oh, não vou lá!..

Uma discussão interminável entre nós e milhares de interlocutores invisíveis, para cada um dos quais nós mesmos nos incumbimos de preparar a resposta que nos deve dar.

O sono sanciona a noite. Como refazer o colar das noites seguintes, faltando o elo da de hoje? E se o sol aparecer? Parece que se aproxima, já lhe ouço o tropel. Ah, ele vem na certa. Vou fechar as janelas, tapar os ouvidos, organizar minha noite pessoal.

Falta de horizonte, de meios-tons, falta de neblina. Tudo miudamente nítido. Se houvesse um pouco mais de peso, eu desceria até pousar no leito do sono.

Esterilidade da insônia... Que posso ver ou achar com minha pobre lâmpada de mão, por esses salões excessivamente iluminados?

Dormir, mas dormir completamente. Só assim se terá direito a uma vida nova a ser inaugurada amanhã mesmo, ao despertar.

Um alargamento monstruoso e uma proliferação infinita de coisas insignificantes.

Quando se aproximava a Noite para me servir o sono, meteram-me num conflito: matei muita gente, mataram-me várias vezes.

Mudar de lado, mudar de lençol, de ideias, de mulher, mudar de quarto, de cidade; mudar de profissão, correr para longe, afastar-me do foco... fugir... dormir.

Meu maior receio é ficar acordado até o fim do mundo: — tenho quase certeza!

Tudo afinal caminha para o sono. O sono é a grande perfeição.

Estão surgindo uma porção de razões contra mim. Mas já organizei uma minoria para lhes dar combate: — para me dar razão.

Cada qual pode mergulhar tranquilo no fundo de sua cisterna. De repente, porém, o vento do mundo sopra lá em cima, na roda da torre do moinho; e lá vão subindo as águas subterrâneas de nosso ser — sujas, revoltas...

A noite cerca-nos completamente, mas não nos penetra. Há um pijama-escafandro a impedir que ela nos entre pelos poros e nos dissolva no esquecimento geral.

Não deviam voltar os acontecimentos que já aconteceram, mas voltam: com um formato especial, reduzido, próprio para circular na cabeça.

Se a sonda tocasse o fundo, tudo estaria resolvido: é preciso dar mais linha. Ou cortá-la...

Passeatas, reclamações, discussões sem resultado — tudo na parte da frente da cabeça, onde se estão juntando os ossos do mundo.

Afinal, para que perder tempo com esses seres repugnantes que, sob pretexto de porta-vozes da vida exterior, invadiram minha cabeça e se instalaram na melhor parte dela?

Vou mudar-me para os pés: de lá será mais fácil fugir...

A questão é que não acaba nunca de desenrolar-se essa película interminável, com o negativo de todas as imagens do dia...

Há raios solares captados. Por que não haverá uma essência de Noite para se pingar nos olhos?

Abandonei a cabeça. Foi o único jeito: arranjei outro eixo em torno do qual vou organizando como posso um novo *eu*, próprio para receber o sono.

A insônia não é propriamente a impossibilidade de dormir. A insônia é uma entidade viva, megera impostora, filha perversa da ausência do sono.

A verdadeira insônia é uma presença de fundo sádico-demoníaco; o corpo invadido pelo espírito diabólico, para os jogos e as combinações mais imprevistas.

Quem já dormiu milhares de vezes, outras tantas pôde renascer.

Táticas: abrir bem os olhos e, imóvel, levar até o máximo a faculdade de atenção; suscitar em si o estado de ubiquidade, atravessar paralelos e meridianos; impregnar-se do espírito dos acontecimentos, de modo a poder evocar a guerra, a fome e a exploração; assumir e viver moralmente a desgraça dos outros, até tombar de exaustão sob o peso do mundo... E depois, sobrevivendo em estado gasoso, passar de homem a emanação das coisas. Assim se consegue boiar nos espaços infinitos, esquecer-se neles, e facilmente dormir.

Ou então: pensar fortemente numa ilha distante, ilha sem farol e desabitada; deitar-se nela; deixar que escureça completamente. E com ela escurecer também...

Que torpor agora! Creio que passaram borracha por cima de mim: meus traços se apagam, o mundo vai murchando rapidamente.

Será que vou dormir minha noite pessoal, ou a de um de meus antepassados de há milênios atrás?

O sono é sonho absoluto.

Como dormir — se ainda existem, acumulados a meu lado, montes e montes de bagaços da vida esperando hora para serem incinerados?

De zona inesperada há sinais de que vem rolando uma bola negra, bola imensa... E, enquanto não chega, uma mulher sem nome, à última hora, amarra-me à sua cintura e me vai levando para não sei onde, despreocupada, cantando.

Mulher, gôndola, ou rede?...

Êh, bola enrolando a noite, rolando o esquecimento! Há alguém ou alguma coisa se oferecendo como um colo materno, encosta de colina, ou dorso de nuvem. Um mar provável subiu para o céu. A bola vem vindo, navegando no éter. Cada vez maior: bola sem fim, avassalando, escurecendo o mundo. A bola negra da Noite, a bola do Sono! É tarde para tudo, já nada mais me interessa. Desisto de tudo... desapareço... Agora é dormir... dormir...

AS REUNIÕES

Quando começo a dormir, deixo as ideias quase sempre reunidas debaixo de uma espécie de marquise no alto da região frontal. Não todas: as mais salientes.

Ao despertar, ainda as encontro lá, sempre se mexendo e discutindo.

Ora, não se pode dormir tranquilo com essas reuniões à entrada e saída do sono. Parece uma perseguição.

Não adianta alegar que o sono é o meu único domínio de fato — elas sabem disso; o país das transparências onde impera o regime de vapor e sonho que a vigília nunca me trouxe.

Por que então se intrometem?

É de ver o que ficam fazendo. Cochicham, brigam, repetem mil vezes coisinhas do dia. Ainda é bom quando me esquecem e se limitam a perturbar-me o repouso, batendo e arranhando as paredes do crânio.

Pior é quando me fazem subir para tomar parte na discussão. Põem-se a criticar-me, a fazer picuinhas. E como sujam a sala!

Algumas me lisonjeiam, fazem propostas agradáveis. Quando começo a iludir-me, descubro que estão zombando de mim, encho-me de raiva.

E não sei por que ainda fico como imbecil a acompanhar-lhes a pantomima.

Às vezes parece mesmo um balé, um balé de mau gosto, inspirado no que há de mais vulgar das minhas horas perdidas. Chego até a distrair-me, por que não dizê-lo?

Mas isso não é vida.

Quando vem o sono já não me sinto à altura... E é uma noite de menos, noite estragada. E todo um programa de sonhos mais uma vez adiado.

Eis a que fico reduzido depois de tais reuniões.

Não é só debaixo da grande marquise que elas se realizam. Há outras, em pontos não bem localizados. Atrás da cabeça, por exemplo, há uma. É a mais obscura, a que se verifica mais distante de mim.

Perto do rim esquerdo, costuma haver também; talvez a menos frequentada, mas por um grupo suspeito. A dos testículos e imediações só termina com a audiência da companheira...

Em geral, essas ideias têm suas nascentes na cabeça. Muitas, porém, derivam dos intestinos. E não sei conto conseguem figurar nas reuniões lá de cima. São ávidas, levianas e têm muito da cor dos acontecimentos do dia. Só dão aborrecimentos.

Admira que meu sangue se preste a transportá-las.

Há outras que provêm de regiões mais opacas. Aparecem como nebulosas, não sei bem o que querem. São uma espécie de larvas que se criam numa zona em que sempre faz noite na gente, e onde sei existir o lago ou poço dessas algas que são vistas em meus olhos, quando parados de espanto ou de terror.

Tudo isso me invade, me desorganiza.

Até à madrugada, passam grupos nômades em correria.

Oh, como conseguir a unidade em meu ser? Como pacificar a minha federação?

A B C DAS CATÁSTROFES

As grandes catástrofes são, em geral, filhas da explosão ou fruto da instantânea ruptura de equilíbrio das massas.

Precipitação nefasta de ritmos, interrupção da tutela astral, súbito atropelo de números...

Qualquer que seja a arquitetura dum edifício, seus escombros obedecerão ao estilo barroco.

Laconismo e rapidez são características do perfeito desastre. Devido à sua prolixidade, uma inundação com a lenta expansão circular de suas águas, mesmo fazendo vítimas, não chega a ser uma catástrofe. Pelo menos, está fora da ortodoxia das catástrofes.

Um prédio — seja teatro ou igreja — que amanhece caído e sem cadáveres entre os escombros, realizou um desastre imperfeito. Pavilhão que rui vazio não chega a ser desastre: é exercício. Mas o *expresso* virado debaixo de uma ponte, ou dois trens em colisão, pertencem à ortodoxia dos desastres.

No extremo da velocidade, o homem que se arrebenta com o seu veículo contra a parede morre certo de que atravessou um corpo transparente.

É engano pensar que a forma violenta por que se processa um desastre seja a vitória da incoerência: tudo indica que o desastre obedece a leis próprias, as quais ainda não foram descobertas devido à rapidez com que acontece, bem como à perturbação na mente da vítima-observador. E também porque a vítima se salva dele com pavor a princípio, e logo depois com a ilusão orgulhosa de que soube evitá-lo ou vencê-lo — o que impossibilita o depoimento objetivo.

Alguns passageiros de avião jamais conseguirão apreciar o panorama da terra embaixo: a imagem do próprio cadáver intercepta-lhes a vista.

Um hangar de aviões tem muito mais de pavilhão de ortopedia do que de gaiola de pássaros.

Nem mesmo rechaçada pela melhor técnica das organizações comerciais, a poesia, de braço dado com o perigo, deixará de rondar os aeroportos excitantes.

A velocidade é a irmã mais nova do desastre: a mais fina também, e a mais esbelta.

Depois do incêndio, as vítimas vêm, vestidas de branco, visitar os escombros.

Os escombros, esquecidos da violência, procuram sossego sob a relva e o musgo.

Um pedaço de perna salvo de uma catástrofe não pertence a ninguém: é um pedaço de perna.

Uma barragem que se rompe é um desrecalque violento: o rio que realiza o velho desejo de voltar ao primitivo leito. O mais concentrado de todos os silêncios, o que reúne as forças do cosmos e resume numa tensão extralúcida as experiências do tempo, o silêncio dos silêncios — é aquele, de poucos instantes, anterior à catástrofe que sabemos irremediável e próxima. A explosão vai dar-se ou o afundamento: os minutos têm o peso da eternidade, escurece sem que a luz caia, a morte já procedeu à nossa chamada. Nesse momento, a única saída é virarmo-nos para o outro lado da vida e nos vermos passeando no jardim do bairro, parados nalgum terraço ou sentados numa espreguiçadeira, a apreciar o próprio desastre que nos vai vitimar. Se ocorrer alguma frase de ternura familiar, por exemplo: "Vamos dormir, meu bem?" — manifestação alucinatória de um desejo de volta à segurança em circunstância impossível — o trágico poderá ser evitado.

Esse tipo de sublimação, efeito involuntário do próprio medo, poderá a futura vítima desenvolvê-lo em exercícios preliminares, situando-se mentalmente num desastre imaginário... e fechando os olhos.

Um erro de cálculo explica o desabamento de um edifício.

Mas por que não pensar também na rebelião das paredes contra o que se passa entre elas?

No estado de ruína os velhos prédios se convertem à religião...

Se se conseguisse harmonizar as exclamações das vítimas no momento do desastre, far-se-ia um coro capaz de torná-lo menos trágico.

A imagem visual dos escombros suscita, por correspondência, a sensação auditiva do rumor ou estrondo no momento em que a catástrofe se verificou.

Conquanto não seja decente sair sem um arranhão de qualquer desastre, a alegria de quem escapa é proporcional ao número dos que morreram. Essa alegria passa, depois, a sentimento de orgulho — pela natural tendência do indivíduo a se atribuir poderes mágicos.

Quem escapa ileso de muitos desastres é considerado herói em seu quarteirão; mesmo que seja um imbecil. Principalmente se for um imbecil.

À sensação do extremo perigo, nosso "tempo interior" sofre tamanha compressão que parece explodir e atirar-nos de uma vez para o lado de lá, antes mesmo de consumar-se o desastre.

Entre os acidentes comuns e os grandes cataclismos, a escala dos desastres vai do insignificante ao monumental: no insignificante são um aborrecimento, no monumental, um espetáculo.

A terrível força moral das águas, logo após o afogamento: o mar, o açude, a lagoa escondendo o crime... Só o rio tem o ar de quem não lembra mais: porque o rio que matou já vai longe...

A primeira e ultrarrápida sensação que se experimenta bem no começo de um desastre é de injúria inopinada, de agressão injusta.

"Voo", "asas" — metáforas inúteis, destinadas a apagar nos tripulantes do avião a consciência da violação, pelas hélices, da virgindade da atmosfera.

Homem e mulher que se namoram, ainda tímidos, em bancos separados... O desastre, que vai interromper para sempre a viagem, está à vista, já o percebestes. O inevitável não transige. A moral, mais tênue a esta altura, perdeu a memória e vai dentro em pouco esvair-se no estrépito das ferragens, no clamor dos gritos. O perigo limpou subitamente o campo. O instante é livre: não há tempo a perder, juntai os lábios. Depressa! A levitação acima do abismo, para além da morte...

Ante o envelhecimento da terra como unidade astronômica, a agitação convulsiva da humanidade.

O bloco de pedra que rolou da montanha não fez senão chegar ao termo de uma série de movimentos remotos e imperceptíveis, iniciados antes da construção das casas que ele veio destruir embaixo.

É imprevisível o que acontece dentro da unidade aparente de um corpo sólido. As moléculas, às vezes, deixam de ser solidárias entre si. De longe, parecem sossegadas; de bem perto, há escândalos e fraturas. É a revolta contra o tédio da imobilidade. Não se verificam apenas simpatias e afinidades recíprocas entre elas; há também alergias intramoleculares, reveladas em análises de laboratório e nalguns momentos muito especiais de nossa percepção.

A Terra é uma explosão em prosseguimento.

As vigas mestras representam, no conjunto da construção, uma responsabilidade e esforço maiores. São, por isso mesmo, peças mudas e orgulhosas. O telhado é leviano e sociável como as janelas e, como estas, em constante convívio com o sol, o vento e a chuva.

O incêndio é a mais impaciente das catástrofes; a explosão, a mais impulsiva e lacônica; o abalroamento, a mais colérica; a inundação, a mais feminina e majestosa.

Assim como o pesquisador constrói máquinas especiais para experiências no fundo do mar e na estratosfera, não há razão para que não se imagine um aparelho dentro do qual possa alguém, em plena catástrofe, registrar com calma tudo que acontece.

O desabamento de um antigo prédio desabitado sem a provocação do homem nem a intervenção do vento — tem todas as características de um suicídio por desgosto.

O desabamento de uma mina é como a reação da virgem que fecha as coxas à ameaça do bruto.

Assistindo a um desastre ou dele participando, tornam-se os homens solidários entre si; cada qual apoia-se no outro, com medo de cair sobre a própria sombra. No dia seguinte se desconhecem e reabrem as hostilidades.

Em face do desastre iminente, não adianta ser calmo, ou afobado; nem gritar pelo seu deus. É o subconsciente que preside aos nossos movimentos, que toma as providências...

O deus dos desastres é zarolho, absconso, canhoto, míope, surdo e estúpido. Sua força física, porém, é assombrosa. Impossível saber-se como e quando fará uso dela.

O falso Apocalipse inscrito no céu pela bomba atômica que explode ante o futuro impassível!...

Meditar sobre a desintegração do átomo é transformar o sentimento romântico da natureza em sentido trágico do cosmos.

Com sua vanguarda de relâmpagos e ventania, o mais sinistro dos temporais é um espetáculo com que a natureza procura aterrorizar os homens e arrefecer-lhes a vontade imemorial de conquistá-la.

Deve-se olhar para os entulhos da catástrofe com o pensamento voltado para as formas belas que eles podem assumir na reconstrução.

Devido a condições especiais, por indefinido tempo gozará ainda o Amazonas suas prerrogativas de rio selvagem, o mais livre do mundo. Tanto assim que, pronto sempre a transbordá-las, nunca se submete ao enquadramento das margens; se não invadiu ainda com suas águas o resto do Brasil não é porque o não quisesse, mas porque a isso se opõem cadeias de montanhas sempre firmes e vigilantes mais ao sul. Como o leão do deserto, esse monstro de mil patas raramente se enfurece — a não ser quando se encontra com o Atlântico, velho inimigo com quem luta antes de entregar-lhe o sangue espesso e diferente. Os tripulantes de navios que passam longe ouvem, às vezes, o estrépito dessa luta. Fora disso, o Amazonas vai rolando noite e dia a sua correnteza, apenas empenhado em engrossar seu patrimônio com o que há de melhor em terra e matéria orgânica das margens. O que o diferencia dos civilizados rios da Europa não é tanto o volume das águas quanto a impossibilidade de impor-lhes disciplina e direção. O Amazonas defende com seus mitos a virgindade da floresta, e pouco se utiliza do próprio potencial de catástrofe. Na infância de todos nós há um vago medo de sermos tragados pelas enchentes desse rio; até hoje ninguém sabe do que ele é capaz, e nunca se pode ficar inteiramente tranquilo.

Enquanto a natureza diminui suas catástrofes, o homem multiplica seus desastres.

Por mais enterrado que esteja, um depósito de munições é alguma coisa sempre a ir pelos ares.

Uma casinha transfigurada pelas chamas executa para suas companheiras de rua o balé com que se despede de sua condição de casebre: é o seu momento de revanche e o único de esplendor.

No desastre instantâneo há uma fulguração que não é do sol nem de nenhuma luz exterior.

Desastre no Poema

Destr
oços de
uma
estr
o
fe cat
astró
fi ca

des
carrilh
a
da à
margem
da
linha

rui nas
de po
ema

escom
br
os do
n a d a

CABEÇA E ROCHEDO

Eu era uma cabeça pousada no alto do rochedo.
Resto do meu corpo! gritei.
Corpo que andavas no campo, agora rolas no mar.

Ó bagagem de pernas e braços
Ventre e peito no iodo das vagas
Das dores de outrora
Nem se lembra a cabeça
Que ora é flor no rochedo.
Pedra, enfim!
Crânio solitário de rocha
Calcário ou concha fria
Que o líquen enreda
Ao dorso da penedia.

Nunca mais pensar
Nunca duvidar!...
Caixa endurecida

À força de sol e maresia
Registra o vento
Repete o mar.

A BOLA DE ÁGUA

Não terei por muito tempo meu suplemento de terra. Nem mais serei tranquilo.

Aqui não se ouviam as vagas.

Aqui se esquecia o vulto do navio desaparecido.

Aqui, o mar não era mais que pressentimento de areias e conchas sob os pés.

Aqui se vivia sob uma luz esbranquiçada, a mesma que trespassou meu sangue outrora quando, no colo da mãe preta, me escondia dos profetas de pedra.

Aqui, se algum vento soprava, era tão alto e insuspeitado que as árvores pareciam hieráticas ante as nuvens desorganizadas.

Pois foi num dia de canícula que vi surgir do horizonte o bloco de pedra. Surgir e crescer.

E veio avançando em direção à minha cabeça.

Vi a parábola do monstro em viagem pelos céus.

Vi seu corpo de safira desmaiada — concreção de mar em poliedro de pedra.

Só o percebi quando arrebentou perto. E borrifou as plantas. E me deixou gosto de sal na boca.

Ó mar, é teu pedaço.

Por menos que eu creia, é teu pedaço — cristal erguido em voo de pássaro, desmanchando-se em água.

Ameaça ou mensagem?

Ah! por que não segui a sorte do navio?

Com a volta da esperança, perdemos aos poucos a antiga amargura e a força do grito. Já não sabemos blasfemar. Aquilo que nos habituamos a combater se desfaz ante as primeiras arremetidas do espírito livre, à luz da nova claridade. Já não há mais razão para a revolta. E o desespero não se cultiva como pérola falsa.

Mas no cerne da alma dói ainda a velha cicatriz. O que outrora nos fez sofrer vem reclamar participação no que nos faz agora esperar. E a anacrônica interferência torna assim ambíguo o nosso canto. Canto que os mais jovens se incumbirão de purificar...

OS MIUDINHOS

Os miudinhos fincam, fincam, e refincam os alfinetes na
pele do gigante.

E correm azafamados, fazendo combinações.

Cada miudinho com a sua miudinha.

Os miudinhos-niebelungen cavam a terra, cavam no na-
riz e cavam na vida.

E quando nada mais têm que cavar, beliscam o gigante.

O gigante e o inaceitável Outro, o indevido gigante.

Perto dos orifícios do Imenso, os miudinhos levantam
barracas.

Depois penetram.

Os miudinhos, tão magrinhos, são perversos e finos.

E o gigante nem percebe.

Mas que montanha!

Os miudinhos sonham acabar com o gigante.

E se organizam.

Acordam de manhãzinha.

Sempre lépidos e espertinhos.

E levantando poeira.

Vão fincar com delícia os alfinetes
Na pele
  continental
    do Gigante.

A ATIVIDADE DOS HOMENS
Nº 6

CHUÍ COMANDA O TRÁFEGO

Num domingo, à hora cinzenta em que terminam as festas e todos voltam meio decepcionados para casa, rugiam de impaciência os automóveis ante o sinal vermelho. Alguns farolavam de longe, pedindo passagem. Mas o vermelho não cedia ao verde. E com a força de seu símbolo, paralisava o tráfego.

Os terríveis moleques da Praça perceberam a confusão. Chuí, o principal deles, resolve intervir. Vai para o meio do asfalto, começa a acenar aos motoristas.

Que passassem! Livre estava o trânsito para a direita.

— Podem vir! Não estou brincando! É de verdade...

Hesitaram alguns a princípio. Depois romperam. Outros os seguiram.

Chuí, imponente, estende os braços para a rua principal. Os motoristas enfim acreditam nele. E a imensa massa de veículos — cadilaques, oldsmobiles, buíques, fordes e chevrolés — desfila ao comando único do pequeno maltrapilho.

Em enérgico movimento, Chuí ordena aos carros que parem. Gira o corpo, estica o braço, e manda que sigam pela esquerda os da rua principal. No que é obedecido.

Passageiros e motoristas atiram moedas. Mas o improvisado inspetor, cônscio de suas responsabilidades, sabe que não pode abaixar-se para apanhá-las sem risco para o trânsito.

A noite descera depressa e os combustores não se acendiam.

Mais rubro na escuridão, o sinal vermelho; tendo perdido a função de proibir, só confiavam os motoristas no braço infalível de Chuí.

Quando, gritando de longe, a mãe do garoto o ameaçava com uma coça, aparece, uniformizado, um inspetor de verdade. Prende Chuí e o leva chorando para o Distrito.

— Nós apanhamos as moedas para você, gritam-lhe os companheiros.

Não eram as moedas que ele queria, oh! não era isso! O que Chuí queria era voltar ao tráfego, continuar submetendo aqueles carros enormes, poderosos, ao seu comando único, ao aceno do seu bracinho...

O MILAGRE DO BAR

Aquela noite, no bar de Amundsen, um sujeito tinha passado de uma mesa para outra de modo a chamar a atenção.

As mesas estavam bem distantes, ninguém duvidava. E separadas ainda por uma barricada de cadeiras, louças, mulheres-da-vida e homens que fumavam — resíduos do dia na madrugada dos bares.

Pois, certa hora, o tal sujeito se ergueu muito suavemente, passou por cima das cabeças, quase tocou na careca do gerente, e foi pousar na mesa do fundo. De lá, um tanto pálido mas calmo, reclamou o seu chope. Um voo incontestável.

Mas ninguém podia admitir a possibilidade de qualquer anjo naquele bar. Houve certa inquietação entre os fregueses.

O gerente errou o troco na máquina registradora. Uma mulher sentiu falta de ar e foi abanada.

Daí por diante, produziu-se completo silêncio. Ninguém tirava os olhos do sujeito. Uma onda que vinha vindo do fundo escuro da baía se quebrou perto da janela.

Alguns minutos depois — o homem deu um jeito na gravata, levantou-se e mergulhou na noite, sem pagar a conta.

E o bar voltou a funcionar normalmente.

O ANTISSOMBRA

Limpa de vez em quando as tuas gavetas, ninho de fantasmas. Queima os papéis velhos, os arquivos mortos.

Ajuda o esquecimento a esquecer...

Antes o virgem vazio do que a sufocação dos entulhos. Que em tua cabeça as ideias não se imobilizem nunca em arranjos de museu, mas fermentem para novas metamorfoses. Chegarás assim à maturidade, ainda com direito aos últimos fulgores da vida.

A MOENDA

O que deixou de ser
e flutua sem rumo
folhas
insetos
bolhas
ecos

rumores de passos
rolar de carruagens

    O que vive imperceptível
e se expande sem nome
apelos perdidos
gemidos de sombra
sonhos cancelados
tudo sobe
à roda do pensamento

    Clamores da noite
escória dos dias
cinzas de amor
tudo o que se vê
passando longe
pelos filtros do vento

    Entre os dentes da moenda
se reduz a fantasmas
do tempo
e ossos do espaço
detritos
do mundo.

A ATIVIDADE DOS HOMENS
Nº 7

A INDIGENTE DE GOIÂNIA

A mão mendiga no ciclo da anedota. Que a mulher não atrapalhasse: fosse pedir esmola mais adiante.

Esperou que a gargalhada acabasse e fez nova investida. Era para comprar agasalho para a filhinha.

— Filhinha coisa alguma. Vai-te embora!

— Minha filha, sim senhor. Podem ver se quiserem...

— Então cadê ela?

Apontou para o sul, ainda coberto de neblina:

— Lá na roça, coitadinha! Na friagem do vento...

Negavam àquele molambo de mulher o direito de ser mãe.

— É melhor fingires de cega.

— Uma esmolinha, pelo amor de Deus!

— Vai seguindo e não amola.

Ela se enche de dignidade, saca dentre os trapos da blusa um seio túmido, e esguicha copiosamente o leite na cara dos homens. Enquanto os outros se dispersavam enxugando-se com os lenços, um deles, atingido no terno novo, volta-se para castigá-la.

Mas a mulher não se intimida. Saca de outro seio, e com boa pontaria, descarrega-o nos olhos do agressor.

E ri, ri furiosamente.

Alguém que assistira à cena a interpela:

— Desperdiçando o leite da criança, hein?!

— Ah! ela não precisa mais... Já está no céu...

A FECUNDAÇÃO DO HORIZONTE

Passai, trens.

Fecundai o horizonte oeste. Não é de sol-poente o ouro das nuvens. É poeira de construção.

Passai, trens.

Minha infância terminou. E a esperança fareja virgens dimensões.

Seguiram os engenheiros. Passaram os guindastes, o cimento, os tubos e as carroças.

Enormes caminhões pela madrugada, velados em toldos de cinza. E levas de operários, em pranchas descobertas, cantando.

Passaram as leis, o Código, a Bíblia. As pitonisas, os padres, as prostitutas.

Passai, trens.

Dizei-me se entre pedras, betume e madeira, transportais sementes de amor. Se apitais para o armistício das tribos.

Desembarcai os escravos, os que duvidam.

Vagões, atirai fora as sombras.

Cidade que te levantas no fim de tantos trens sucessivos, como serás?

Haverá estúpidos? Tuas mulheres continuarão difíceis?

Será que entre cubos de cimento e feno minha infância vai prosseguir, liberdade e inocência, como, até hoje, entre seus córregos e passarinhos?

Ah! vou partir para onde tremem as tuas primeiras luzes!...

Depressa, poeta. Chegou o momento fonético. Convoca os teus circunflexos, que os gramáticos estão na porta cobrando os sinais diacríticos...

O coração generoso custa a tomar conhecimento do ato ou gesto hostil destinado a feri-lo. Mesmo assim, dura pouco o ressentimento: o próprio coração se refaz por si, e continua a arder desprevenido como se nada houvera.

O inimigo então começa a murchar, murchar... até desaparecer numa mancha amarela.

DESAMPARO

Há momentos maus na vida em que apenas existimos pelos reflexos que deixamos ou supomos ter deixado na memória dos outros.

Há momentos, ainda piores, em que, perdido o original, nem do socorro das cópias nos lembramos mais.

Não é triturando a concha para examinar-lhe a substância, é levando-a aos ouvidos que se descobre mais depressa a essência do mar.

Ao pássaro preso é preferível tirar-lhe de uma vez a visão do espaço, de que não pode mais servir-se.

Ao menos assim, sua vontade de voar se reabsorve mais depressa na asa parada.

AGONIA DO OBJETO

Oh, não é o mesmo da cerimônia em que o surpreendi fetiche ou peça de magia.

Esse ar de exilado! Teria sido a travessia?

Que fiz eu, turista branco, com o meu dinheiro americano?

Longe, além-mar, ficou a falha, o buraco sangrando.

Em algum lugar foi interrompido o ritual.

Em algum lugar se espera a volta dele.

Em algum lugar a tribo está sofrendo.

Parece que me acusa com a sua forma idêntica à do momento do sequestro.

Mas que vale agora, se não se mexe nem irradia? Se não se opõe nem se impõe?

Cadáver de coisa, sombra de objeto...

De que nicho, colo ou paisagem te exilei?

Se te ponho em confissão, nunca respondes: se te tomo as mãos, deixas-te levar.

Ó coisa que não participa, nem cintila; coisa que me despreza.

Exilado objeto, ao barranco te atiro.

Para que te juntes aos teus, atiro-te ao mar...

A ATIVIDADE DOS HOMENS
N° 8

SIMETRIAS NO ÔNIBUS

Eu digo que muito veículo parece estar conduzindo passageiros apanhados ao acaso, quando na verdade estão levando verdadeiras combinações de passageiros. São grupos que se formam à revelia de seus componentes, e que gozam de uma vida autônoma, logo desfeita ou pela chegada do passageiro ao seu destino, ou pela destruição do veículo no seu desastre específico.

Eu queria dizer que aquele ônibus da manhã recebia, em cada parada, pelo menos um ou dois passageiros iguais ou semelhantes a outros que já haviam embarcado. A maioria ora parecia judeus, ora ingleses. Dois carregavam livro debaixo do braço, parecendo tratado de química — ambos de rosto impressionantemente pálido. Três dos que tinham cara de inglês acenderam simultaneamente o cachimbo, e quatro dos que aparentavam de judeus viraram as costas ao mar quase ao mesmo tempo. Não se cumprimentaram, mas parece que se entendiam e tudo traziam combinado.

Posso afirmar que três grupos bem definidos viajaram comigo naquele ônibus: o dos que traziam um livro provável de química, o dos que acenderam o cachimbo, e o dos que não queriam saber do mar.

O mais curioso é que, ao descerem, os homens dos cachimbos entraram no mesmo café, inteiramente estranhos uns aos outros, enquanto as passageiras consultavam simultaneamente os reloginhos de pulso. Os que não gostavam do mar, um dos quais parecia meu inimigo pessoal, pagaram errado ao motorista, e — o que é de espantar — dois deles esqueceram no banco as respectivas capas. Em relação aos que levavam tratado de química, lembra-me que nada de especial lhes ocorrera, senão que um deles desceu no quarteirão seguinte àquele em que desembarcaram os que odiavam o mar e se deixou ficar na calçada, a sorrir feito um demente. "Ah, pensei, este mundo, hoje, está muito esquisito. Efeito da bomba atômica?... Morte de Deus?"...

O mais estranho ainda é que as mulheres — não seriam mais de quatro ou cinco — desceram no mesmo ponto. E como começasse a ventar sem o mínimo sinal de chuva, é fora de dúvida que o vento lhes atuava especialmente nas pernas. Ou o vento, ou o carrilhão da Mesbla, que nesse momento soava mais forte que de costume... Pois todas corriam... Todas!...

❖

Não quero que me abras a porta porque eu seja o maltrapilho que entreviste pela vidraça. Abre-a, sim, porque estou batendo com mais força.

Não somente andamos por várias regiões e atmosferas, como também, dentro de cada um, somos muitos a fazê-lo. Depois é que damos a palavra a um de nós, que passa a exprimir-se em nome de todos e que, usando a mesma sede corporal, os resume e dirige formando a nossa personalidade.

A ATIVIDADE DOS HOMENS
Nº 9

O BANHO DAS CINCO ESPOSAS

Cinco maridos carregaram as esposas para um banho longe.

— Que ideia a de nos oferecerem um banho na floresta! Vocês tão metidos nos seus negócios, nós sempre esquecidas no lar!

O mais animado arrancou à frente com o carro.

Era um longo percurso de sol e poeira. Tinham que atravessar a cordilheira depois da chapada, até chegarem à vertente da Serra Azul, local de um riacho escondido.

— Vão se aguentando que a piscina compensa — disse um dos maridos.

As cinco esposas conversavam entre si:

— Eles hoje se lembraram de nós...

— Oh! nem acabei de arrumar a casa.

— Deixei a costureira me esperando.

— E eu que larguei as crianças com a ama!

— E eu que perdi a missa!

Um acontecimento novo ia interromper-lhes a sequência monótona dos dias.

Não longe da estrada, em cada córrego e lagoa, crianças negras e brancas brincavam com as águas. Às vezes a mata escondia-lhes o corpo, mas ouviam-se as risadinhas e gritos de alegria.

— Parece que todo o Brasil toma banho esta manhã — disse Teresa, a mais moça.

— Mas como é longe! — queixou-se Luísa, arrependida de ter vindo.

— Você é capaz de botar calção, Hortênsia?

Mas Hortênsia avistara uma igrejinha longe, e rezava alheia à conversa.

— Eu desconfio até que essa piscina não existe — disse Olga brincando.

— Daqui a pouco vocês verão — disse o marido industrial.

Os dois carros galgavam agora a montanha. Nos abismos da rocha, córregos finos abriam-se em cascatas. E a espuma subia, irisada.

Dobrada a outra vertente, um dos maridos pergunta:

— Já estão ouvindo?

Desceram as cinco esposas e os cinco maridos. Vinha crescendo o barulho das águas.

— Mas onde o riacho?

— Vocês me acompanhem — disse o banqueiro.

Varejaram em silêncio a mata cerrada. Os homens, de facão, abriam passagem entre as ramas. As esposas já queriam desistir, quase choravam.

Violenta demais a caminhada entre pedras e espinhos. Ouviu-se então o vozeirão do marido industrial.

— Já vi o bicho!

Reanimaram-se as mulheres. Dentro em pouco um remanso largo e azulado fê-las parar estupefatas. Era a proposta do prazer imediato.

Imóveis ficaram ante as águas expectantes.

— E agora? — perguntou uma.

— E agora? — repetiram as outras.

Havia quantos anos não vestiam calção de banho!

Que os maridos mudassem primeiro a roupa, elas se arranjariam depois...

— Não. O banho é só de vocês.

A piscina chamando! E as esposas, indecisas...

— O que é que deu em vocês? Medo? — perguntou o representante da firma Oliveira, Richard & Cia.

A esta ameaça, as esposas entraram no mato. Longe uma das outras, mais que depressa mudaram a roupa. Nem as árvores deviam vê-las despir-se.

E voltaram desajeitadas em seus calções, sob o riso dos maridos. Pediam que ninguém as olhasse.

Em discreto relance, cada marido pela primeira vez tomava conhecimento de trechos de perna e áreas de colo branco das esposas dos outros.

Todas mergulharam aos gritinhos, nervosas de alegria, com as borboletas esvoaçando em cima.

— Oh! que bom, que bom! — exclamava Teresa.

— Que delícia! — gemia Olga.

— Olha quem vem lá de calção!

Era Hortênsia, a gorda. Aderira, enfim. Gargalhada geral. Cinco esposas no rio!...

— Oh, não queremos outra vida! — exclamavam.

Durante horas o grito delas fundia-se ao coro da passarada e ao barulho da cascata próxima. Sentados nas pedras da margem, os graves maridos faziam planos, discutiam negócios. Não quiseram se molhar.

De repente, houve um silêncio suspeito, de tão prolongado. Os maridos viraram-se para a piscina.

— Que é que está havendo com vocês?

Nada. Não havia nada. Apenas as cinco esposas se abraçavam, adormecidas, ao corpo macio das águas. Com os cabelos escorridos, mais pareciam índias. Só Hortênsia manifestava baixinho um desejo: "Não quero mais saber de outra vida!" E boiava, boiava como as outras...

Águas do rio, águas do rio!...

— Despenteadas assim e com as pernas de fora, ninguém diz que são mães de família — comentava um dos maridos.

— Maria Antônia até parece que perdeu os sentidos!

— Estão diferentes! Mudaram de caráter.

— É o que eu estava sentindo e não queria dizer — rosnou o banqueiro.

— Parece que não são mais donas de casa...

Um dos maridos gritou:

— Bem. Chega! Está escurecendo. Vamos embora.

— Vocês pensam que a vida é isso? — perguntavam outros.

— Oh! podia ser, podia tanto ser... — exclamava Maria Antônia, sonhando.

— Vamos, gente! Temos muito que fazer amanhã cedo.

— Vocês... Nós, não. Nosso dia é livre — disse uma das esposas.

— Livre como? O lar... a cozinha... as crianças... — ponderou um dos maridos.

— E esta água! e esta água! — disse Teresa, tentando erguer na palma da mão uma amostra do líquido.

— Deixa a água para depois — exclamou o marido. — Voltaremos outro dia.

— Você está tão esquisita de calção, Olga! — observou o negociante vendo-lhe o desenho do corpo na água transparente.

— Nunca te vi tão alegre assim, Hortênsia. Estás alegre demais — observou-lhe o esposo.

— Ah, ah! — gargalharam todas.

— Bem. Ponto final! — disse o comerciante de voz mais grossa. E atirou nas águas o charuto.

— Então vamos dar o último mergulho para a despedida — propôs Luísa, toda roxa, batendo o queixo.

E mergulharam demoradamente. A cabeleira comprida de Teresa abria-se como alga queimada.

— Ih! foi bom demais — disse Hortênsia ao sair, persignando-se. — Deus me perdoe.

A piscina entristeceu de repente, voltando ao natural.

No ínvio da floresta, as cinco esposas se vestiram. Já agora sem temor de serem vistas pelas árvores.

Mandaram um último olhar à piscina e embarcaram.

— Mas que delícia, gente! que delícia!

O rumor dos motores despertava os curiangos do caminho.

— E dizer que ainda existem no mundo águas tão puras!

— E que pedras! que árvores!... — exclamava Teresa, caindo de sono.

— Águas assim só se viajando muito para encontrá-las — disse Luísa toda molhada ainda e quase cochilando.

— E tão escondidinhas, não é, Olga?... Olga, você está me ouvindo?

— Parece que ainda estou debaixo delas — sussurrou Maria Antônia, fechando as pálpebras.

A noite sem lua escondera totalmente a paisagem.

— Sim, um lugar maravilhoso — comenta um dos maridos. — Mas há o perigo de afogamento.

— E de cobras — acrescenta outro.

Houve um silêncio. As estrelas cintilavam agora mais vivas.

— Vocês notaram que no meio tem um redemoinho que puxa, que puxa?... — observou o industrial.

— Dizem que uma vez morreu uma moça ali — disse o marido comerciante.

— E três criancinhas também.

E os maridos continuavam a falar mal das águas rivais, sem que as esposas ouvissem.

Pois as cinco esposas dormiam... dormiam...

A ATIVIDADE DOS HOMENS
Nº 10

O GARIMPEIRO DO RIO DAS VELHAS

O que me importa é o diamante no fundo da corrente. Não me interessa o tiroteio dos morros, nem as intrigas da margem.

Dobro o corpo, cavo o meu cascalho.

Há três séculos este rio molha-me os joelhos. Há três séculos suas águas me embranquecem o sangue.

Os filhos secam de fome nas grupiaras, as mães cuidam da plantação.

Dançam os homens, discutem e matam... Eu, não: eu não digo nada. Sacudo o meu cascalho, espero o meu diamante.

Se é muito o frio e cerrada a garoa, aqueço-me na própria febre. Se me gritam, não atendo.

Nada me importa a não ser o diamante que me chama dentre os seixos.

Tenho suas dimensões, sei seus reflexos. Nele já pisaram estes pés. Estes pés que não enxergam...

Meu dia chegará. Vai nascer do fundo da bateia, no momento em que a pedra luzir. Ah! que eu não morra nesse instante.

Ó espelho da corrente que reflete a nuvem e os diamantes da noite: nem que a bateia gire, gire até o fim dos tempos, minha estrela ainda há de surgir do fundo das águas!

Esquecerei família, matarei o capitão-do-mato. E sairei em disparada por este mundo com o diamante na boca, como um punhal entre os dentes.

Há um momento mais alto da paixão em que o rosto da amada se apaga por completo na memória turbada do amante. Ele se desespera e tenta em vão relembrar-lhe as feições. Impossível. Seus sentidos e pensamentos são literalmente tomados pela imagem da mulher que deixa de ser criatura isolada ou objeto definido e se transforma em emanação das coisas e música do espaço.

SEM ENDEREÇO

Ela me dizia:

"Aqui estou como pedra luzente sob a cascata do lustro. Vim sem saber e não sei o que faço. Se não basta o suspiro e esta palidez de constelação, em duas palavras vos digo (mas retirai a mão de meus seios): — Vim por um apito de locomotiva, anterior aos homens e aos caminhos. Parti para me deitar no fio dos horizontes. E perdi os endereços.

Alguém toda noite me chama; alguém, não sei donde, grita o meu nome.

Oh, por que me atiraram ao destino como pedra à vidraça?

Sou a louca dos homens. E agora não sei com que beijo de amor me sair do labirinto.

Dizei-me onde se esconde a lua que me trouxe.

Dizei-me se ando longe da guitarra onde nasci.

(Mas retirai, retirai primeiro as mãos de cima de meu ventre.)"

❖

— Impedido! Im-pe-di-do!...

— Oh, para de apitar impedimento, moral hipócrita, juiz-ladrão-de-meu-destino!

O DESMONTE

Não sei bem se ainda me estão ouvindo. Nem se é de uma árvore que falo.

....

Eu vinha me acabando, despojando-me aos poucos de mim mesmo.

A princípio, eram coisas mínimas, cabelos, dentes...

Em seguida, a cor, as unhas, as linhas do pescoço. Não me importava. Restava-me o físico de gigante, último reduto.

As mulheres ainda paravam a olhar-me. Com o tempo, este corpo se pôs a diminuir: flácido a princípio, seco depois. Em compensação, que belas mãos! Nunca as tinha visto assim. Agitava-as como dois pandeiros.

Alguns anos mais, perdi o aprumo, a agilidade. Caíram-me as bochechas; fios de cabelos cresciam súbito, fora da zona demarcada. E que de tiques e verrugas! Meus movimentos perderam a coerência.

Tive de recolher as mãos que murchavam. Não me importei e disse:

— Mas ainda me restam os olhos, dois astros!

Olhos de ninguém, adejando na faixa da claridade dos meus, notarão essas mutilações.

Alguns anos vivi só do esplendor dos meus olhos. Um dia, sob a membrana fosca, não puderam mais irradiar. Nem as boas notícias, nem os acontecimentos considerados felizes que vieram em seguida, pagavam a perda do que havia de melhor em meu rosto.

Já não sorria desde muito. A boca disforme não deixava. Mas, e a voz?

Restava-me a voz. Tão bela, em boca torta!...

Utilizei-a quanto pude, sem razão, fora de propósito. Só para que a ouvissem, só para que me soubessem presente. Era a minha maneira de gemer.

Veio um vento de inverno, fiquei sem voz.

E agora? perguntei. Era preciso arranjar nova saída. Pensei: "já é tempo de abandonar a carne, essa abjeção. Forjarei uma alma de santo. Mais uma razão para prosseguir..."

Lembrei-me porém que ainda dispunha das pernas, último recurso. E vivi entrando e saindo, entrando e saindo...

Durante anos, por toda parte, eu passava, passava...

Um dia, não pude mais, quedei-me num banco. Meses e anos ali, olhando a multidão. As folhas, tombando-me nas costas, os insetos a me subirem pelas pernas.

E enquanto o vento esfarelava ao sol minhas últimas células, as árvores estendiam-me os galhos, supondo-me ruína.

Era de ver o montão de carne e sais minerais em que me tornei sobre a calçada.

Mas ainda protestava, reclamava.

Parei numa fronteira obscura: atrás, o campo das contingências — traços de acontecimentos, aparências do mundo, cidades, seres e objetos se sumindo, sombra e vapor... No fundo, dentro de câmaras escuras, o centro do silêncio, diamante negro...

Cego e surdo. A chuva acabara de desmanchar a minha armação. Mas eu ainda percebia...

Salvo engano, ainda me chegava o barulho da cidade
o cheiro do quarteirão
o sussurro dos namorados
e passos de gente caminhando para o futuro...
Já é hora de passar-me para a árvore mais próxima... pensei.

....

Não sei bem se ainda me estão ouvindo. Nem se é de uma árvore que falo.

O homem que ri, liberta-se. O que faz rir, esconde-se.

Teu inimigo de certo modo te pertence: é um dos teus aspectos.

O INIMIGO

Meu inimigo vem descendo pela calçada de lá. Nunca nos vimos. Mas somos inimigos.

Nosso ódio vem de longe.

Homem do outro lado, o que no momento nos aproxima é a cadência igual de nossos passos. Ou eu me retiro ou tu te afastas. Não podemos caminhar juntos nem fazer a mesma coisa. Somos inimigos, oh, há muitos séculos! Inimigos!

Nossos antepassados trocaram rugidos nalguma taba de índios ou tribo da costa africana.

Um de nós era sarraceno, o outro cristão, na briga à porta de qualquer taverna de Espanha.

Um de nós, senhor de escravos, levantou o chicote contra o outro nalgum canavial do Nordeste ou cata de Minas.

Oh! vem de longe nosso ódio!...

Eu podia jogar pedra, casca de banana ou cuspir para o teu lado. Mas, a esta altura, já bridei o animal, sou um dos gentlemen da cidade.

Além do mais, nosso ódio está acima de guerras e atritos. Sem heroísmo e sem sangue. Uma raiva de origem, náusea fundamental — tu e eu carregando, cada um, energias que se desprendem de nós e já se estão batendo por cima dos veículos.

Tu foges de meu olhar; eu não me sustento sob o teu.

Dura cadência da marcha de um adversário por cima de nossas fibras, escurecendo o dia.

Nossos passos trocam injúrias por percussão.

Que vieste fazer, antípoda, dentro do meu ritmo, se juntos não podemos seguir para parte alguma?

Cedo ainda para o armistício — sorriso de nossos filhos sob a faixa do próximo arco-íris.

OS PERSONAGENS

A BOMBA ÍNTIMA

Dirigiu-se a mim, desafiando a que o reconhecesse. Deu o nome. Nenhum traço da carcaça submersa de outrora.

"— Pois sou eu mesmo. Mudei de vida, só não mudei de nome. Mudei, sobretudo, o modo de encarar a vida. Tudo por causa dela. Infeliz de quem intimamente não a carrega consigo. Não está lendo em meus olhos? Algum dia olhei assim? Pois é a bomba... a minha bomba! Tem sementes de rugidos, de temporais. E me leva, quando quero, aos limites do impossível. Mora no fundo do armário. É de lá que vem presidindo à minha vida. Ponho-a no bolso quando saio, aperto-a contra o peito quando me perco pelo mundo.

"Minha bomba é fonte de doçura. Se vem ameaça ou perigo, sou sempre o mais tranquilo. Já notou como falo pouco e gesticulo menos? Pois é ela!

"Abandonei o palhaço em que me escondia. Amo a vida, a vida me respeita é a bomba!

"Ninguém nunca me viu tão simples, tão forte — é a bomba!

"Meus pais têm ciúme, conspiram separá-la de mim, fazer dela um bibelô ou enfeite doméstico. Querem que eu volte à timidez de outrora, à tutela da casa, ao doce pederasta de bons princípios. — "Meu filho! trocar o oratório pela máquina infernal!..."

"Ah! como poderei viver sem a minha bomba? Ninguém sabe quando irá explodir: esse o terror da família, o pavor do quarteirão.

"Quando me deito, ponho-me a pensar: — Que monstros suprimir amanhã?... que muralhas?...

"Ninguém ousa tocá-la. Seu silêncio é ainda mais poderoso que sua explosão.

"A esperança dos inimigos é que a ferrugem venha a cobri-la toda antes que ela se manifeste. E por isso, durante a noite, com um pedaço de flanela, eu a esfrego e lhe reanimo a pele. Depois, com muito jeito, vou levando-a devagarzinho para o seu nicho no armário.

"O armário é um templo. Nessa hora parece que estou carregando meu coração..."

O PRESENTE

Com sete ou setenta anos, deve-se esperar um presente. Esperá-lo sempre. Até o fim da vida... Mas que não seja a morte.

Se alguém abre a porta ou bate à janela, nunca pensar noutra cousa.

Não é necessário que seja objeto raro ou delicado. Basta que seja um presente.

Pode vir do horizonte, pode vir do vizinho.

Um brinquedo, uma garrafa, uma fruta, um bicho, uma flor — tudo serve. O principal é que não seja desembrulhado logo. E que venha amarrado em fios de ouro, envolto em papel irreal.

Para se manter em estado de presente puro.

O presente dura até o momento de ser aberto. Depois morre. E espera-se outro.

De cada trem que chega, avião que pousa, carruagem que passa, de alguém que entra ou navio que atraca — deve-se esperar sempre um presente.

Se não vem, não faz mal. É até melhor, espera-se com mais força.

Começa-se a desejá-lo com tamanha intensidade, que a dúvida não está em saber se vem (oh! é evidente que virá), mas em descobrir a natureza e a forma que há de ler.

Ando muito inquieto sem saber o tipo do presente que desejo. Como será?

Não é bem uma caixa de música... nem flor do Amazonas...

Nem um enorme peixe com a chave do mar... nem a imensa ametista com seus salões de festa acesos... nem o bloco de argila com hálito humano e polpa de carne.

Oh, nada disso.

Uma coisa híbrida — misto de árvore, sangue, água, sorriso e pedra...

Uma ordem social anti-humana e injusta perturba o sono dos poetas. Não querer tomar conhecimento dela é fazer-se cúmplice de uma evasão que humilha e enfraquece a poesia.

A INSURREIÇÃO DOS INTERNOS

Desde que, por um sistema especial de abastecimento, me chegou aquele excesso de energia, comecei a andar preocupado. Não sabia como liberá-la. E nem era de natureza a ser aplicada ao mundo atual. Estava bem viva a lição das últimas experiências, o pavor dos homens ante a própria insegurança do planeta.

Em vez de me deixar explodir tranquilamente em algum campo distante, resolvi admitir a entrada dos piores inimigos. Só para combatê-los, só para exercitar minha força.

Bandidos, cafajestes, estúpidos, luxuriosos, seres de suja procedência instalaram-se em mim sem a menor cerimônia. Começava-se então a lutar. Era o que eu queria.

Embora não o parecesse, minha vida íntima vinha correndo bem monótona. Agora, não! Agora era um inferno. Isto é: uma delícia!

Enquanto todo mundo se queixava: "falta de amor! falta de acontecimentos! poucos parques! excesso de polícia! falta de interesse! tudo vazio!" — havia sempre grande animação dentro de mim...

O difícil era conter a turma nos seus excessos. Felizmente me respeitavam. À noite, porém, perturbavam-me o sono. E eu era obrigado a intervir.

Apareciam, é verdade, agitadores iluminados e magníficos de eloquência, mas sem público. E vagabundos maravilhosos.

Desordens e conflitos sucediam-se a cada instante. Quando era muito notado na rua, punha-me a pensar: devo ter a face rubra e o olhar alterado; os meus internos estão se assanhando.

Se meu pulso disparava, dizia comigo: "São eles!" Se me vinha algum impulso de perversidade, pensava logo: "Eles, outra vez! Estão impossíveis hoje."

Já não tomava parte nas lutas, apenas assistia. Mas, francamente, havia excessos.

Os desordeiros começavam a abusar, não me obedeciam. Aproveitando a confusão, entraram também tipos invejosos, intrigantes e mesquinhos a mais não poder. Uma invasão fria, viscosa.

Já não sabia mais o que devia fazer. Fora leviandade ter confiado tanto em minha força, permitido imbecis em número maior do que comportava a lotação.

Tinha que esmagá-los noite e dia. E isso me cansava.

Por outro lado, em vez de animarem a minha solidão — e também para isso os admiti — esses hóspedes tornavam-na insuportável. Conspiravam, espalhavam boatos. Claro que não podia contar com a lealdade dessa gente. Mas tudo isso trazia aborrecimentos.

A tática deles consistia em atrair-me para o mal, aproveitando-se da minha antiga vocação para o crime e da onda de terror que vai pelo mundo.

A princípio, fingiam-se solidários comigo e me diziam: "Vem para o nosso lado, vem. Olha como tudo é animado por aqui. Tua doçura é monotonia, todos a tomam como fraqueza. Vem para a aventura, bobo. Apaga de vez os vestígios do teu batismo. Aqui tudo arde e depressa se consome. Vem!"

Ora, essas palavras me tentavam. Minhas decepções no reino da bondade predispunham-me às seduções da outra margem. Deixei-me arrastar.

Inútil disfarçar: o gosto, a atração do crime começaram a possuir-me. Entrei no ciclo dos meus demônios. Declarei guerra aos homens, quebrei minha fachada, perdi as condecorações.

Em cada canto de meu corpo um animal feroz armava o bote.

Meu excremento já sujava o mármore das igrejas. De minuto em minuto, encarnava ora um, ora outro dos meus internos. Sobretudo os mais sinistros. Muitos se apresentavam ao mesmo tempo. Em consequência, meus impulsos eram os mais diversos.

Prostradas ante o meu retrato, minhas irmãs rezavam. Eu era coisa sagrada. Dava e recebia bofetadas. Minha barba crescia.

Violava virgens com tranquila precisão. Elas gritavam, mas eu só ouvia os gemidos de conivência.

Esgotei todo um programa de abjeções. Nunca me enchi de tamanho orgulho.

Cercaram o meu quarteirão. Fui o terror do dia, o herói do noticiário. Partiam motociclistas em perseguição ao meu vulto, visto em todos os bairros. Fantasma de todo mundo, minha sombra descia ao mesmo tempo de vários veículos.

Precipitara-se o meu destino.

Mal desembarcava de um trem, toda a gare empalidecia. Se acaso me suspeitavam, ninguém ousava o primeiro gesto para que minha danação não deflagrasse.

Eu tinha a chave do pânico.

Ao fim de cada dia, postado nas esquinas regurgitantes, batia a mão no ventre das pobres mulheres que voltavam do trabalho. E era sempre fraca a bofetada de desafronta com que me respondiam: a mim, portador do frêmito com que sonhavam...

Fugiam as crianças de minha sombra. Eu passava evitando os espelhos.

Um "interno" homicida governava o meu braço. E à boca me vinha gosto de sangue.

Estava quase a terminar o meu périplo do mal, quando um dia me sentei a um banco e fiquei triste.

— Nem por isso! — exclamei.

Já se debuxava em mim a face do santo, monstro arrependido.

Não sei nu que cidade, fui retirado, pela madrugada, de um lago de sangue no chão de um bar.

Acordei na sala de uma policlínica. Dezenas de especialistas me examinavam. É pouco — eu disse — é mesmo ridículo para o número de hóspedes que carrego, e o mundo de forças que desencadeio.

Os aparelhos de vácuo foram colocados. Meteram-me um tubo pela boca, para a sucção. Eu ia vomitar. Vomitaria os monstros que animaram aquela semana de minha vida.

Dentro em pouco, eles ficaram se mexendo na grande bola de vidro.

E na madrugada que vinha raiando, eu era um ser inocente e tranquilo a sorrir para o sol!...

— Ih, que ventania!

— Mas não há vento algum.

— Oh, pois não está ventando?

— Absolutamente.

— Ah, então desculpe...

NOITE NUMA FOLHA

Delícia é pernoitar numa folha.

Não basta permanecer quietinho nela. É preciso tomar-lhe a cor. O que só é possível depois do assentimento da árvore toda.

Se o vento estiver de acordo, oh! então sim, não há coisa melhor... Pode-se até ouvir através da folha o segredo mais íntimo das raízes, numa voz que nada tem que ver (equívoco de muitos) com o sussurro da brisa e o burburinho das fontes clandestinas.

O difícil é impor-se logo à confiança das plantas — aventura que só se deve tentar no mistério da penumbra, quando elas se privam dos vestígios do dia e trocam o reino vegetal por um mundo que ninguém sabe.

Não é a qualquer árvore que nos devemos dirigir, oh! não. Indispensável procurar as mais receptivas no momento, quase sempre as que estão em vésperas do fluxo periódico. Entre essas se encontra a favorita.

Nunca esquecer que as árvores, mais do que o castelo medieval e as ruínas, são o domínio extraterritorial dos fantasmas — último abrigo onde estes se sentem preservados do extermínio a que se expõem na claridade racionalista.

Se elas impõem ao espaço sua arquitetura assimétrica de chama e sombra, guardam, em compensação, nas frondes e raízes, o que há de melhor dos astros e águas.

Nunca esquecer também que durante a noite elas absorvem sua ração de silêncio para o dia seguinte.

Quem, pois, quiser estar com uma árvore, deve combinar baixinho com aquela que lhe for destinada; e, quando o rosto tocar-lhe a pele do tronco, fechar os olhos. Se algum aborrecimento do dia molesta o pretendente e lhe dificulta o trabalho, cuidará ele de exorcismá-lo, pronunciando baixinho "merda!" com a boca voltada para a cidade ou local em que ocorreu o aborrecimento. Concentra-se depois, até perder o estado civil. Em seguida, irá repetindo docemente "árvore! árvore! minha árvore!" — sem bulir nos ramos, sem acordar os passarinhos.

Dentro em pouco, por si mesma, a árvore desce e instala-se em nosso plexo solar. Aí, sem mais esforço, espera-se o momento da transfusão.

Quando não se puder distinguir bem onde começam os galhos e termina o homem, estão findos os preparativos.

Pode-se estar seguro de que se tem onde dormir.

Experimenta-se então um estado de fluidez, que é como a antecipação do sabor da noite.

Tudo pronto, salta-se na folha.

Sem fazer barulho, é claro, para não despertar os espíritos que devem estar dormindo nas raízes. Manobra quase imponderável.

Deita-se finalmente na minúscula membrana. Se ela oscila, é sinal de resposta favorável; é porque já se transformou em berço.

Rola-se em seguida de folha em folha, à procura de uma companheira.

Não há, oh! não há delícia igual por esses tempos duros!...

"Mais l'Occident individualiste-dualiste-libre-arbitriste, triste, capitaliste-colonialiste-impérialiste et couvert d'étiquettes du même genre à n'en plus finir, il est foutu, vous ne pouvez vous douter comme j'en suis sûr." *René Daumal.*

INICIATIVAS

Faça o que lhe digo. Solte primeiro uma borboleta.
Se não amanhecer depressa, solte outras de cores diferentes.
De vez em quando, faça partir um barco. Veja aonde vai.
Se for difícil, suprima o mar e lance uma planície.
Mande um esboço de rochedo, o resto de uma floresta.
Jogue as iniciais do lenço. Faça descer algumas ilhas.
Mande a fotografia do lugar, com as curvas capitais e a
cópia dos seios.

Atire um planisfério. Um zodíaco. Uma fachada de igreja.
E os livros fundamentais.

Sirva-se do vento, se achar difícil.

Eles *estão perdidos. Mas nem tudo o que fizeram está*
perdido.

Separe o que possa ser aproveitado e mande. Sobretudo,
as formas em que o sonho de alguns se cristalizou.

Remeta a relação dos encontros, se possível. E o horário
dos ventos.

Mande uma manhã de sol, na íntegra.
Faça subir a caixa de música com o barulho dos canaviais
e o apito da locomotiva.

Veja se consegue o mapa dos caminhos.
Mande o resumo dos melhores momentos.
As amostras de outra raça.
Com urgência, o projeto de uma nova cidade!

A paciência da Esfinge. Que paciência!

O ESPANTALHO

Eu vivo de não ser nada e em molambos me disfarço. Existo de mentira. E só aponto para o longe quando meus braços se enchem de vento. Mas o meu olhar de órbitas vazias vigia. Os bichos não se aproximam, as crianças têm medo. Enquanto isso, a paisagem se regala e meu vale reverdece.

Este livro foi impresso no
SISTEMA DIGITAL INSTANT DUPLEX
DA DIVISÃO GRÁFICA DA DISTRIBUIDORA RECORD
Rua Argentina, 171 – Rio de Janeiro, RJ
para a
EDITORA JOSÉ OLYMPIO LTDA.
em maio de 2012

*

80º aniversário desta Casa de livros, fundada em 29.11.1931